MYSTISCHE Sexualität

Zu allen Zeiten war Kreativität ein Ausdruck der religiösen Überzeugungen der Menschen.
DIE MYSTISCHE REIHE *befasst sich mit denjenigen Künsten, die eine spirituelle Vision der Menschheit vermitteln und neben Schönheit auch Wahrheit enthalten.*

Die göttliche Wahrheit findet vielfältigen Ausdruck – von der Architektur bis zur Musik, vom Tanz bis zur Landschaftsgestaltung.

Die Entdeckung tieferer Bedeutung in den äusseren Formen bringt uns näher zu unserem Mittelpunkt und zu den heiligen Traditionen, die in unserer modernen Welt so unterbewertet werden.

Ausserdem in der mystischen Reihe:
MYSTISCHE ARCHITEKTUR *von A. T. Mann*

MYSTISCHE Sexualität

A. T. MANN
UND
JANE LYLE

Edition Astroterra

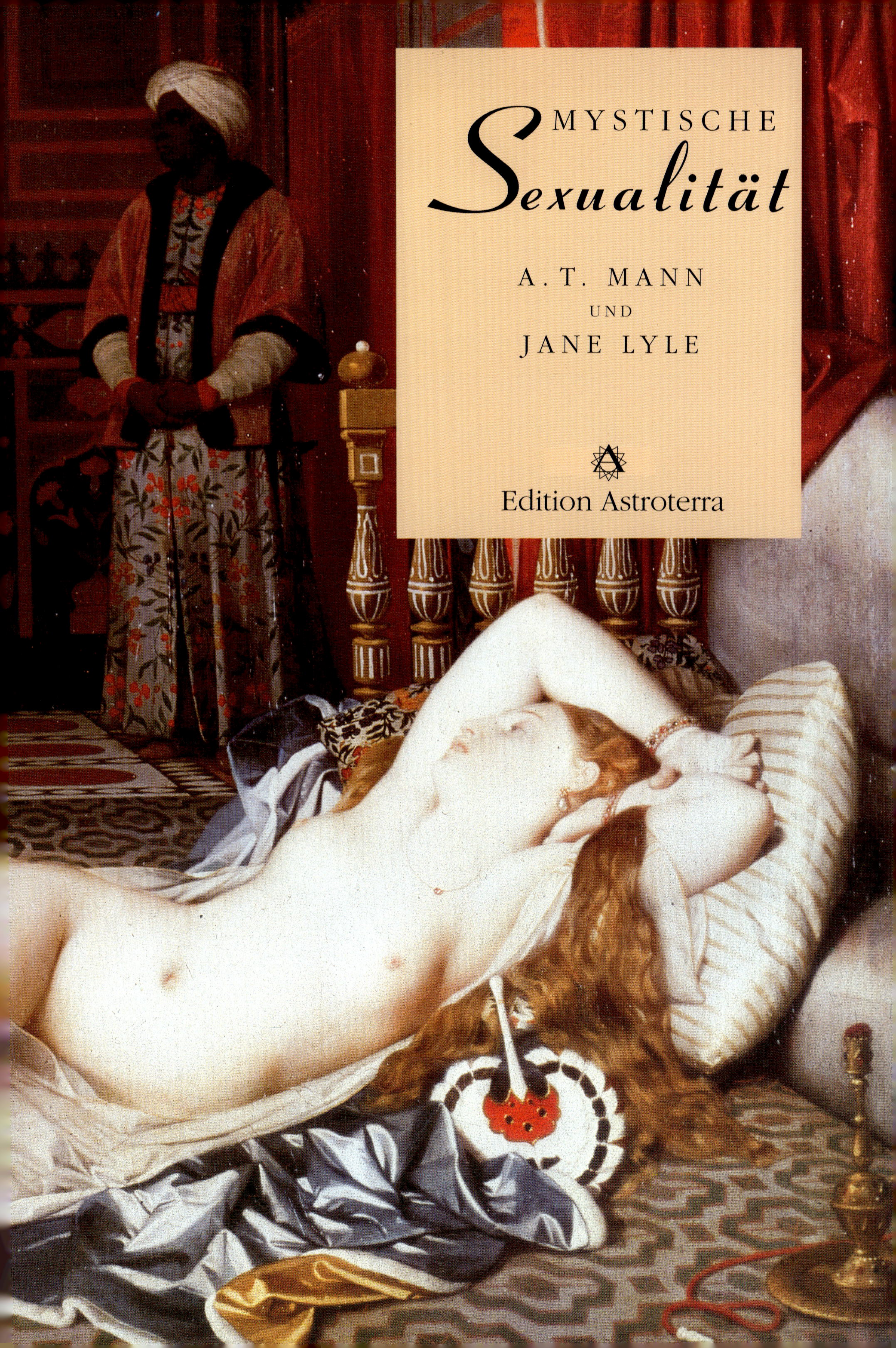

Erstmals 1995 in Grossbritannien publiziert von
ELEMENT BOOKS LIMITED
Shaftesbury, Dorset SP7 8BP

1995 in den USA publiziert von
ELEMENT BOOKS, INC.
P. O. Box 830, Rockport, MA 01966

1995 in Australien publiziert von
ELEMENT BOOKS LIMITED
für JACARANDA WILEY LIMITED
33 Park Road, Milton, Brisbane 4064

In der englischen Originalausgabe wurde *The King James Bible* zitiert. Die Rechte für die Wiedergabe liegen bei der englischen Krone. Die deutsche Ausgabe benutzt die *Neue Jerusalemer Bibel,* hrsg. und übersetzt von A. Deissler, Freiburg 1985.

THE BRIDGEWATER BOOK COMPANY
Gestaltung: *Sarah Stanley*
Bildredaktion: *Felicity Cox*
Seitengestaltung: *Jane Lanaway, Chris Lanaway*
Repro: *Appletone Graphics*

Gedruckt und gebunden in Hong Kong von
Midas Printing

2. Auflage 1997

Deutsche Übersetzung: *Doris Aebi Egli*
Korrektorat: *Stephan Huser*

ISBN 3-907029-53-4

DANKSAGUNG

Meiner Frau Lise-Lotte

Ich möchte meiner Frau Lise-Lotte Mann danken für ihr Interesse an diesem Buch und ihre wertvollen Kommentare. Mein Dank geht auch an Erik und Tove Ansvang, Paul Birkholm, Rufus Camphausen, Apollonia, und Henning Argyll Olsen für ihre Inspiration und die geliehenen Bücher, und an John Baldock und Linda Quayle von Element Books für ihre Hilfe.

A. T. MANN

Für Aphrodite Pandemos

Herzlichen Dank an Susy Kennard für ihre wertvolle Hilfe zu den Verstrickungen der höfischen Liebe, und Geraldine Leale für ihre ausserordentlichen alchemistischen Ratschläge und Hilfen.

JANE LYLE

ÜBER DIE AUTOREN

A. T. Mann ist ein amerikanischer Architekt, Grafiker, Astrologe und Berater. Er lebt in Dänemark und ist Autor zahlreicher Bücher, darunter *The Elements of the Tarot, Mystische Architektur, Lebens*Zeit Astrologie, The Divine Plot* und *Prophezeiungen zur Jahrtausendwende.*

Jane Lyle hat während mehr als zehn Jahren Astrologie und Tarot-Symbolik studiert. Sie lebt in Kanada und den Vereinigten Staaten. Ihre früheren Bücher, darunter *Body Language, Lovers' Tarot* und *Women's Wisdom* wurden in verschiedene Sprachen übersetzt. Sie schrieb auch für Zeitungen und Frauenmagazine.

Inhalt

Einführung

RECHTS *«Der Garten der Lüste» von Hieronymus Bosch (ca. 1450–1516)*

> AUS DEMSELBEN PUNKT, AN DEM DIE SEELE SINNLICH WIRD, AUS DIESEM PUNKT ENTSTEHT DIE STADT GOTTES OHNE EINEN ANFANG.
>
> *Juliana von Norwich (1343–1415)*

Mystische Sexualität gehört zu unserer Vergangenheit wie auch unserer Zukunft. Sie vereinigt Verstand, Körper und Geist. In einer vom Instinkt getrennten Welt bietet sie einen urwüchsigen, regenerativen Weg vorwärts. Ihre Lehren stützen sich auf die Lebenskraft und sind nichts Neues, wie wir zeigen werden. Heilige Sexualität ist insbesondere in der westlichen Gesellschaft unterdrückt worden; die universelle Verbindung zwischen natürlichen Sinnenfreuden und religiösen Gefühlen ist jedoch zutiefst unschuldig.

Die Worte «heilig» und «Sexualität» nebeneinander zu stellen scheint vielen Menschen paradox. Wie kann Sexualität mit ihren unzähligen negativen Konnotationen zum Spirituellen gehören? Sexualität wird heute von den grossen Religionen weitgehend verdammt. Man lehrt uns, dass sie dunkel, degeneriert, eine Erbsünde der Menschheit ist, der man nur durch Keuschheit begegnen kann. Moralisten und religiöse Fundamentalisten jeder Couleur betrachten sie als Einfluss des Bösen, fähig, den Glauben zu zerstören und gute Seelen in die Hölle zu bringen. Gemäss dem christlichen Dogma ist Sexualität, symbolisiert durch die verführerische Schlange im Garten Eden, schuld am «Fall» der Menschheit. Sex steht für die Hölle, Reinheit für den Himmel. Wir halten diese Sichtweisen für archaisch und destruktiv.

Die drängende Natur des sexuellen Verlangens machte sie anfällig für kommerzielle Nutzung. Seit Jahrhunderten ist Sexindustrie gleich Pornographie und Prostitution, die im weiteren Sinne als Mittel zur Unterdrückung der weiblichen und Erniedrigung der männlichen Sexualität sowie als Beitrag zu einer Atmosphäre der Gewalttätigkeit und des Misstrauens betrachtet werden. Der Krieg der Geschlechter ist in unserer Gesellschaft verbreitet; gleichzeitig verhindert politische Korrektheit den fliessenden Selbstausdruck. Feministinnen schlagen philosophische Schlachten mit Maskulinisten. Sexualität wird zunehmend als endloser Konflikt zwischen Tätern und Opfern gesehen, den man weder gewinnen noch beenden kann.

Für Sigmund Freud war Sexualität die Ursache der meisten psychischen Störungen. Er führte sie auf Frustrationen und Unterdrückungen in unserem frühen Kontakt zu den Eltern zurück – mit der Mutter während und nach der Geburt, mit dem Vater in der frühen Kindheit. Er hält die Verzerrung der Sexualität für unvermeidlich, aus der Gewalttaten Einzelner wie auch kollektive Gewaltneigungen entstehen. Doch auch diese Konzepte der Sexualität sind recht fixiert und beschränkt, ein Spiegel unserer Tendenz zu dualistischem Denken, da sie auf den vorherrschenden Ansichten einer Gesellschaft beruhen. Sigmund Freud zum Beispiel arbeitete mit Frauen und Männern, deren Sexualität durch Moral und Sitten des 19. Jahrhunderts geprägt waren.

Unglücklicherweise neigen Psychologen dazu, das Höhere durch Vergleich mit dem Niedrigeren zu erklären: menschliches Verhalten wird biologischen Trieben zugeordnet, während Spiritualität dem Unbewussten zugerechnet wird. Sexualität

erscheint somit als niedriger animalischer Instinkt, der kontrolliert, «verstanden» und schliesslich als «Problem» neutralisiert werden muss. Sexualität wird nicht als Teil des Lebens akzeptiert, sie wird verbannt, seziert und begrenzt, oft sogar dämonisiert. Beide Varianten sind traurig und lebensverneinend, denn: «Alles Seiende bebt vor Verlangen … das Verlangen zu leugnen wird nur Kraftlosigkeit bringen. Diejenigen, die das Verlangen leugnen, sind am meisten davon geprägt.» (Jane Roberts, *Die Natur der Psyche: ihr menschlicher Ausdruck in Kreativität, Liebe, Sexualität).*

In den frühesten Kulturen herrschte eine holistische und ehrfürchtige Haltung der Sexualität gegenüber. Wir scheinen in mancher Hinsicht aus einer anfänglichen Integriertheit in der Natur degeneriert zu sein, und doch sollen wir nach Darwin den Gipfel der menschlichen Entwicklung darstellen. Unsere Sexualität – Antrieb und Energiequelle des Lebens – wird heute missverstanden, trivialisiert und negiert. Sex ist ein grosses Geschäft, aber unsere Modelle der Sexualität sind oft schlecht und irreführend. Bewusstheit des Heiligen ist verlorengegangen, wurde verzerrt und verfälscht. Unsere natürliche Fähigkeit der Sinnenfreude hat darunter so gelitten, dass eine liebevolle Berührung als pure sexuelle Aufforderung oder als Übergriff wahrgenommen wird. Unsere Sinne wie unsere spirituellen Instinkte sind ausgehungert, unsere Begriffe von Sexualität konzentriert auf mechanische Techniken und Positionen. Innerhalb solch enger Grenzen werden Beziehungen vergiftet, Kreativität erstarrt, freudiges Geniessen wird suspekt. *Mystische Sexualität* bietet eine Alternative zu diesem tristen Stand der Dinge. Wir wollen alte Visionen der Magie, Schönheit und Spiritualität der Sexualität zeigen – und Sexualität wieder als heilige Kunst einsetzen.

Mit dem Wort «heilig» meinen wir das, was in Seelenleben und spiritueller Vision eine gemeinsame Wurzel hat, und nicht religiöse Formen. Wir halten Spiritualität für einen dynamischen Ausdruck der menschlichen Psyche, unabhängig von Formen, der jedoch seinen Ausdruck in und durch die Welt der Formen sucht. Spirituelle Formen spiegeln das Göttliche in unseren Gefühlen und in der Kultur.

Die Grundlagen der heiligen Sexualität liegen in der Symbolik. Die Schöpfungsmythen jeder Kultur, die Gottheiten und die Überlieferung dieser Mythen in Bräuchen, Mysterien und Ritualen symbolisieren die grundlegende Interaktion zwischen universellen weiblichen und männlichen Energien. In vielen Kulturen war klar, dass die ursprünglichen Schöpferkräfte weiblich und männlich waren. Manchmal entstand das Männliche aus dem Weiblichen, manchmal umgekehrt. Der Himmel wurde gewöhnlich als männlich betrachtet und die Erde als weiblich; Sonnenlicht als männlich und Mondlicht als weiblich; Bewegung als männlich, Aufnahmefähigkeit als weiblich. Auch die Götter waren keineswegs immer männlich. In den frühesten Kulturen gab es aktive, sogar aggressive Göttinnen, die zahlreiche Geliebte hatten. Mit der Veränderung kultureller Werte dominierten unterschiedliche Mythen – manchmal männlich, manchmal weiblich orientierte. Wenn es zu einer solchen Verlagerung kam, wurde sie immer als sexuelle Beziehung beschrieben, entweder als Ergebnis eines Wunsches nach Integration oder als Bedürfnis, sich einem erobernden Stamm zu unterwerfen.

Die Polaritäten von männlich und weiblich, oben und unten werden auf viele Weisen dargestellt – durch das Yin/Yang-Symbol, Sonne und Mond, die *coniunctio* (heilige Hochzeit) des alchemistischen Königs mit der Königin. In jedem Fall wurden sie als die Vereinigung der zwei machtvollsten Kräfte des Universums gesehen. Diese Vereinigung schuf die Welt und alles in ihr. Sie ist das Modell für menschliche Integration, in der nicht nur beide Polaritäten zusammenkommen, sondern auch in unser innerstes Selbst und unsere Beziehungen integriert werden müssen.

Polaritäten sind in Wissenschaft und Psychologie zentral. Die ursprüngliche Energie des Universums polarisiert in unzählige Formen, aber wenn die Dualität verschwindet – was sie muss – bleibt nur eine Realität. In unseren physischen Gehirnen kann diese Polarität gesehen werden in der linken und rechten Gehirnhälfte. Die Synchronisierung dieser beiden Hälften ist ein grundlegendes Ziel der Bewusstseinserweiterung und der Meditation in allen ihren Formen. Tatsächlich wurden die linke und rechte Hirnhälfte dem männlichen (linear und zeitgebunden) und dem weiblichen Prinzip (lateral und zeitlos) zugeordnet. Das Gefühl der Einheit und Transzendenz ekstatischer Momente erfahren die meisten unter uns erstmals durch Sexualität. Wenn wir die Einheit der Liebe empfinden, erfüllt uns der Wunsch, die einsamen Grenzen der Dualität zu überwinden.

Frühe Kulturen sahen die Grundmechanismen des Universums als Abbilder einer göttlichen weiblich-männlichen Polarität. In modernen Zeiten haben wir durch die Ökologie angefangen, die Erde als Lebewesen zu betrachten. Die Gaia-Hypothese des Wissenschaftlers James Lovelock stellt unseren Planeten als fühlenden Organismus dar – ein radikaler Gedanke, der schnell akzeptiert wurde – vielleicht weil er zutiefst unserem instinktiven Gefühl der Lebenskraft in allen Dingen entspricht. Solche Ideen sind Manifestationen eines alten Dramas. Es scheint grundlegend menschlich, ist aber universell: ein Bedürfnis nach Vereinigung des Himmels mit der Erde, physisch und spirituell, um das Ganze wieder zu vereinen.

In diesem Buch wollen wir Kulturen zeigen, in denen Sexualität eine heilige Dimension hatte oder immer noch hat – sei es nur unter einigen wenigen oder Eingeweihten. Viele Traditionen verstanden die heilige Natur der Sexualität, woraus sich persönliche Muster, kollektive Rituale und magische Techniken ergaben. Diese ehrten und feierten Sexualität als mächtiges Werkzeug zur geistigen Erleuchtung, zu persönlichem Wachstum und ekstatischer Vision. Wie wir sehen werden, haben diese Mythen und Künste, Rituale und Poesie lebendige Bilder: Bilder eines Traums, einer Vision, deren Ziel die Einheit ist. Unsere kollektive Psyche sehnt sich nach Einheit und Transzendenz. Wir müssen unsere heilige Sexualität wiederfinden.

A. T. MANN & JANE LYLE

OBEN *»Das Brautpaar« (»Les mariés«) von Marc Chagall (1887–1985). Das Bild von Adam und Eva hat bis heute Gültigkeit, doch ihre früher als ideal betrachtete Beziehung hat sich verändert und wird heute zunehmend in Frage gestellt.*

KAPITEL 1

Die Anfänge

RECHTS *«Eva, die Schlange und der Tod» von Hans Baldung Grien (1484/5–1545). Die Schlange wird oft dem Tod gleichgestellt, was ihre Zugehörigkeit zur Mutter Erde oder der Erdgöttin zeigt, die Herrin über Leben und Tod war.*

> DU BIST DER BAUM DER ERKENNTNIS AUS DEM PARADIES, VON DEM DER ERSTE MENSCH ASS, SO DASS SEIN GEIST SICH ÖFFNETE UND ER SICH IN DAS IHM ÄHNLICHE VERLIEBTE.
>
> *«Über den Ursprung der Welt»* [1]

Den Mythos von Adam und Eva gab es schon tausend Jahre vor Christus. Dennoch halten ihn viele (teils wörtlich) für die Ursprungsgeschichte der Menschen und den ersten Archetypen der Beziehung zwischen Männern und Frauen. Die Bibel ist patriarchalisch: Gott der Schöpfer ist männlich und formt den ersten Menschen nach seinem Bild, und Eva wird als Nachtrag aus einer Rippe Adams erschaffen. Die Frau ist also zweitrangig und dem Mann unterlegen. Diese jüdisch-christliche Doktrin der Machtposition der Männer und der unterlegenen Stellung der Frauen hatte auch tiefgreifende Auswirkungen auf die Sexualität.

Eine andere Schöpfungsgeschichte fand man in einer gnostischen Schrift, die 1945 bei Nag Hammadi in Ägypten entdeckt wurde. Der als «Über den Ursprung der Welt» bekannte Text besteht aus Themen der hellenistischen, christlichen, gnostischen, hebräischen, ägyptischen und koptischen Magie und Philosophie. Er zeigt, dass der erste Mann und die erste Frau transzendente und heilige Prinzipien verkörperten und dass die Erschaffung dieser zwei getrennten Wesen eine Teilung der ursprünglichen göttlichen Einheit bedeutete. Wieder eins zu werden galt als heilige Funktion von Beziehung und Sexualität.

Gnostizismus war eine frühe mystische Bewegung der Christen, die jüdisches und orientalisches Wissen *(gnosis)* mit geheimen Traditionen verband. Gnostische Texte waren in den frühen Versionen der Bibel enthalten, später, als Konstantin im 4. Jh. das Christentum anerkannte, aufgrund ihres radikalen Mystizismus ausgeschlossen. Der gnostische Mythos von Adam und Eva im Garten Eden unterscheidet sich stark von der traditionellen Version der Genesis – nicht nur in der paradoxen Sprache und der im Kreis führenden Schlussfolgerungen des gnostischen Denkens. Er weist eine Doktrin der Gleichheit zwischen den Geschlechtern auf, wie sie in den frühen Religionen des Mittleren Ostens bestanden hatte, aber von den vorchristlichen hebräischen Vätern und der christlichen Kirche der folgenden Jahrhunderte verdrängt wurde, bis sie schliesslich ganz verschwand. Der tiefgreifendste Unterschied der gnostischen Version der Erschaffung von Adam und Eva ist, dass beide Hermaphroditen waren – beide hatten männliche und weibliche Eigenschaften. Auch die ursprüngliche schöpferische Kraft wurde als weiblich betrachtet (wie in vielen Mythen) und nicht als patriarchaler Gott.

Gemäss dem gnostischen Text erschien die Unbegrenzte, Pistis (Glaube) als himmlisches Abbild ihrer selbst in Sophia (Weisheit), um das Licht des Kosmos vor der Leere des Chaos zu verbergen. Ihr Schatten erhob sich als geistloser, androgyner Herrscher von löwenähnlichem Aussehen aus den Urwassern (Symbol der wirbelnden, fruchtbaren Formlosigkeit des Raums oder des Unbewussten). Dieser Herrscher, Ariael, bekannt als Erster Vater, glaubte sich allein, da sich Pistis/Sophia in ihr Licht zurückgezogen hatte. Der Erste Vater sah nur sich selbst, und sein Wort erschien als Geist über den Wassern. Er trennte das Wasser vom Festland, schuf

OBEN *«Kopf des Eros» (Vatikanmuseum). Eros, der/die hermaphroditische Gott/Göttin wurde in der römischen Mythologie als schöner Jüngling dargestellt.*

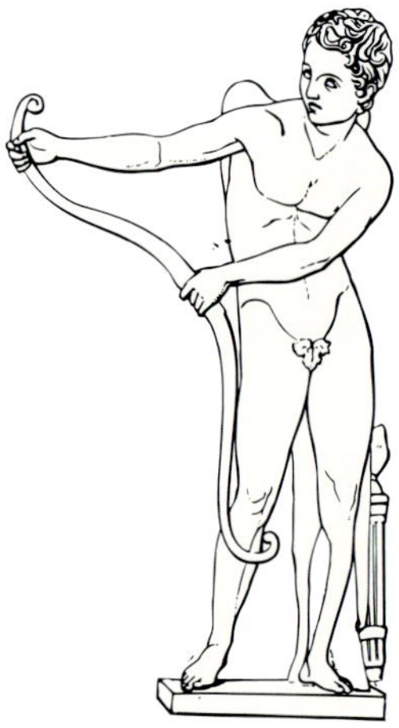

OBEN *«Eros prüft seinen Bogen» (Capitolmuseum). Die Römer machten Eros zum Gott der Liebe und Freundschaft zwischen Jünglingen und Männern, und daher wurde er in seiner männlichen Form dargestellt und im allgemeinen in den Gymnasien zwischen Hermes und Herkules plaziert.*

RECHTS *«Sophia» von Caroline Smith. Sophia ist die antike Göttin der Weisheit, ein Attribut des weiblichen Prinzips.*

Himmel und Erde und brachte sieben androgyne Herrscher hervor, die die Gegenden des Himmels regierten, und die anderen Götter und Dämonen. Ariael sagte allen Göttern: «Ich bin Gott. Es gibt keinen anderen ausser mir.» Doch dann verlangte er übermütig, wenn ein anderer Gott vor ihm existiert habe, solle dieser sich in seinem Licht zeigen. Da sah er das Licht von Pistis/Sophia über sich und wurde ausserordentlich eifersüchtig.

Eros entstand aus der Anziehung zwischen dem Ersten Vater und Sophia und kam aus dem wässrigen Punkt zwischen Licht und Dunkel. Eros war androgyn – sein männliches Wesen war Feuer aus dem Licht, sein weibliches das Blut der Jungfrau. Er/sie war schön und alle, die Eros sahen, verliebten sich so, dass die Flamme des Eros in allen Göttern und Kreaturen der Schöpfung entstand. So erwachte das sexuelle Verlangen auf der Erde; das Paradies wurde erschaffen, in dessen Mitte der Baum der Erkenntnis und des Lebens wuchs, und danach alle Pflanzen und Tiere der Erde. In allen diesen Lebewesen entstand das Verlangen nach Paarung aus dem Prinzip des Eros. Die erste Psyche (Seele) liebte Eros und goss ihr Blut über ihm und der Erde aus. Daraus

entstand der Dornbusch, und die Welt war bereit für den Menschen.

Sophia liess einen Tropfen des göttlichen Lichts über das Wasser treiben, und nach einer Tragzeit von 12 Monaten entstand der erste Mann. Aber er war in einer Frau, Sophias Abbild, geschaffen worden – Eva. Sie war die erste Jungfrau, da sie keinen Ehemann hatte, und ihr Sohn war der spirituelle Licht-Adam, der der Herr ist. Sie sagte von sich selbst:

Ich bin die Frau,
und ich bin die Jungfrau.
Mein Mann ist derjenige, der mich zeugte,
und ich bin seine Mutter,
und er ist mein Vater und mein Herr.
Ich befinde mich noch in der Entwicklung,
doch ich habe einen Herrn geboren.[2]

Weil die sieben Herrscher befürchteten, Adam könnte seinen Körper zu beherrschen lernen, wurde er ohne Seele geboren, doch nach 40 Tagen hauchte Eva ihm eine Seele ein.[3] Als Adam aufstand und sie sah, sagte er: «Du wirst die Mutter der Lebenden genannt werden, denn du warst es, die mir das Leben geschenkt hat.» Die Herrscher waren so verärgert darüber, dass sie ihn in einen Trancezustand fallen liessen. Dann erzählten sie ihm, Eva sei aus einer seiner Rippen entstanden und er solle über sie herrschen. Die unsterbliche Eva lachte über die falschen Absichten der Herrscher und verdunkelte deren Augen. Dann liess sie ein physisches Abbild ihrer selbst neben Adam, aber ihr Geist ging in den Baum der Erkenntnis, und sie wurde zum Baum. Die Herrscher liessen ihren Samen auf das Abbild fallen, und diese physische Eva gebar die Söhne und Töchter des Mannes.

LINKS *«Fliegender Eros» (hellenische Terrakottafigur, ca. 150–100 v. Chr.). Eine Figur aus Myrina in Kleinasien zeigt den Gott der Liebe, dessen Aufgabe es war, alle Kreaturen, männliche wie weibliche, zu verführen.*

Adam und Eva waren blind in ihrer Unkenntnis von Gut und Böse. Sie assen von den fruchtbaren Bäumen des Gartens Eden, aber die Herrscher sagten ihnen, sie dürften bei Todesstrafe nicht vom Baum der Erkenntnis essen. Das Tier des Paradieses jedoch (die weiseste aller Kreaturen und das spirituelle Gefäss der unsterblichen Eva) brachte der physischen Eva bei, keine Angst zu haben, und sagte ihr, sie und Adam würden sein wie die Götter, wenn sie von den Früchten des Baumes assen, und Gut von Böse unterscheiden können. Es sagte ihnen auch, dass die Herrscher sie nur aus Eifersucht davor gewarnt hatten, diese Früchte zu essen. So assen Eva und Adam von dem Baum und sahen die Unterschiede zwischen Gut und Böse, aber sie wurden für immer aus dem Paradies vertrieben.

RECHTS *«Adam und Eva mit der Schlange im Garten Eden» (Sizilien, 12./13. Jh.). In zahlreichen Bildern des Gartens Eden ist die Schlange im Mittelpunkt, mit Betonung ihrer Beziehung zu Eva. Dies entspricht der Doktrin, dass sie von der Sexualität und bösen Einflüssen in Versuchung geführt wurde.*

UNTEN *«Adam und Eva» von Hering (1525).*

• • •

DIE TRENNUNG DES HIMMELS VON DER ERDE

• • •

Dem gnostischen Denken war es natürlich, Adam und Eva als irdisch und animalisch zu sehen, obwohl sie aus dem spirituellen Licht stammten. In der gnostischen Schöpfungsgeschichte werden die Prinzipien von Himmel und Erde, männlich und weiblich so vollständig vermischt, dass sie nicht mehr getrennt werden können. Es wird ganz klar, dass wir beide Prinzipien in uns tragen. In den gnostischen Evangelien kommt jede Generation gottähnlicher oder irdischer männlicher und weiblicher Wesen im Akt der Fortpflanzung wieder zusammen: die Nachkommenschaft ist anfangs hermaphroditisch, dann differenziert sie sich in männlich und weiblich. Dieser Prozess wiederholt sich endlos, sowohl auf spiritueller als auch irdischer Ebene. Es ist faszinierend, dass diese antike Sicht der Empfängnis auch der menschlichen Biologie entspricht. Aufgrund eines genetischen Mechanismus sind wir alle ursprünglich weiblich, bis die männlichen Qualitäten sich entwickeln und die männlichen Embryos sich von dem ursprünglich weiblichen Ovum differenzieren.

Die Verwerfung der gnostischen Lehren zugunsten der patriarchalen Sicht war ein Wendepunkt in der Entwicklung der westlichen Religion, Philosophie und mystischen Sexualität. Man sagt uns, dass wir von einem allmächtigen und unfehlbaren Gott geschaffen wurden, der über seinen sterblichen Geschöpfen steht. Aber gemäss der gnostischen Sicht waren die männlichen Schöpfer der Welt neidisch, böswillig und ausser Kontrolle. Unser Erbe aus der jüdisch-christlichen Tradition ist eine Hierarchie von männlich über weiblich, die Unterscheidung zwischen den beiden Geschlechtern, und eine Verdeckung der Wahrheit über die spirituellen Ursprünge der Sexualität. Daher sind wir gespaltene Wesen geworden, sterblich und endlich, und darin besteht die «Erbsünde», für die wir nie werden Busse leisten können.

Die traditionelle biblische Version entstand offensichtlich, um die Gleichheit der Geschlechter zu untergraben und alle übriggebliebenen Einflüsse aus den Kulten der Mutter Erde oder Grossen Göttin, die während Zehntausenden von Jahren geherrscht hatte, zu unterdrücken.

Der Mythos der ersten Frau und des ersten Mannes im Paradies ist machtvoll, da er als «Archetyp» universelle Gültigkeit hat. Nach Jung sind das dominante, aber unsichtbare Strukturen in der Psyche, die bestimmte Formen annehmen, wenn sie im Bewusstsein erscheinen.[4] Solche unbewussten Strukturen sind universelle Aspekte des menschlichen Verhaltens und Bewusstseins und prägen unser Verhalten und unsere Überzeugungen. Der gnostische Mythos drückt die Dualität aus, die wir als psychologisches Erbe in uns tragen.

In frühchristlichen Zeiten wurde der sexuelle Kontakt als schlecht verdammt, obwohl das priesterliche Zölibat erst viele Jahrhunderte später eingeführt wurde. Auf das Erwachen des Eros-Prinzips folgte die Eheschliessung zwischen Mann und Frau, darauf die Fortpflanzung und schliesslich der Tod. Sexualität wurde daher mit Tod gleichgesetzt, und da sexuelles Verlangen unvermeidlich zum Tod führte, galt Sexualität als Sünde. Dadurch wurde das Po-

GANZ RECHTS *«Adam und Eva» von Lucas Cranach (1525).*

tential zu Spiritualität und Transzendenz in der Sexualität unterdrückt. Die Ausmerzung des Weiblichen im Männlichen führte unausweichlich zu Seelenlosigkeit, und erst mit der mystischen hebräischen Literatur der Kabbala tausend Jahre später kam der mystische Adam wieder zum Baum des Lebens.

Es ist faszinierend, dass das gnostische Tier des Paradieses, die Schlange, sowohl mit Spiritualität als auch mit Eva assoziiert wird und als Schlüssel zur Weisheit im Garten Eden gilt, in den christlichen Lehren aber immer als teuflisch und böse dargestellt wird. Das weibliche Prinzip gilt als böse statt weise, und die eifersüchtigen patriarchalen Götter werden eingesetzt. (In der östlichen Mythologie sind Schlangen nicht mit einer solchen Fracht symbolischer Bosheit belastet; sie symbolisieren die schöpferische Kraft der Welt entsprechend der *Kundalini*-Energie, die sich um die Wirbelsäule windet, und sind ein Ursymbol der Grossen Göttin.) Sexualität kann daher je nach Lehre als Kraft für Weisheit oder Unwissenheit gesehen werden.

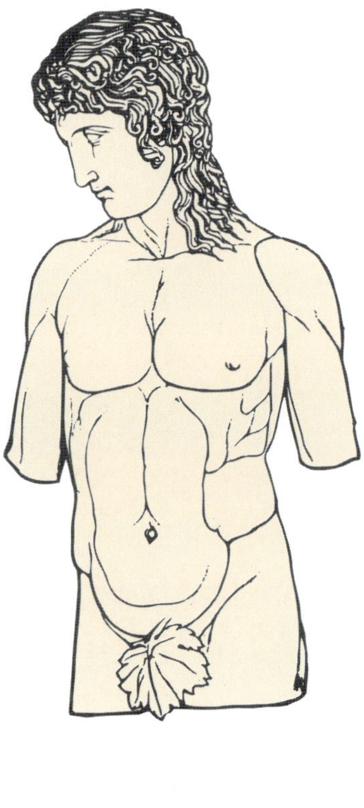

RECHTS *«Eros als Genius des Todes» (Vatikan). Eros wurde zur selben Zeit wie die Erde und der Tartaros aus dem Chaos geboren. Er wurde vom Historiker Hesiod betrachtet als die Kraft, die die Welt durch die innere Vereinigung getrennter Elemente formt.*

KAPITEL 2

Schlangengöttin

OBEN *«Artemis/Diana von Ephesos» (2. Jh. v. Chr., Ephesos). Die griechische Artemis und die römische Diana trugen die frühere Symbolik der anatolischen Göttin Kybele weiter. Als Jägerin ist sie verbunden mit dem Tierkreiszeichen Schütze und erscheint mit vielen Brüsten als Mutter Erde.*

Zehntausende von Jahren vor den ersten Zivilisationen, die vor etwa 5000 Jahren entstanden, gab es Kulte der Grossen Göttin oder Mutter Erde. Deren Kern war die magische Verehrung von Fruchtbarkeit, Sexualität und Tod, der die Dynamik der Beziehung zwischen männlich und weiblich zugrunde lag. Da die Menschen der Steinzeit die biologischen Fortpflanzungsmechanismen nicht kannten, erdachten sie viele verschiedene, phantastische Erklärungen für die fundamentalen Tatsachen der menschlichen Existenz und der Zyklen der Natur. Ihre Welt war heilig und sie waren kosmischen Mächten unterworfen, einem von Gottheiten bevölkerten Reich, unter dessen Kontrolle sie lebten und starben. Alles in der Welt, das Sichtbare und das Verborgene, war von diesen allmächtigen Gottheiten beseelt, und ihre Verehrung stellte die Grundlage der Gesellschaftsstruktur dar.[5]

Sie betrachteten den Geschlechtsverkehr als zutiefst magischen Akt, mit dem sie Domäne und blinde Macht der Götter betraten. Für sie war Fruchtbarkeit nicht ein Weg zu spiritueller Integration, da sie schon mit ihrer geistigen Welt eins waren. Fruchtbarkeit verlangte Opfer: Misserfolg in Fortpflanzung und Jagd führte zum Tode. In diesen Kulten symbolisiert die Grosse Mutter das Leben selbst. Die frühesten bekannten Kultstatuetten stellten die Göttin als schwer- bzw. vielbrüstige Frau dar.

Eines der ursprünglichsten Symbole dieser frühen Kulte war die kosmische Schlange.[6] Die Tempel der Göttin enthielten Schlangen, und in gewissen Bildern winden sie sich um ihren Körper oder ihre erhobenen Arme. Manchmal wurde sie dargestellt als Schlange mit dem Kopf einer Göttin.

Die Symbolik der Schlange ist in Mutter-Erde-Kulturen wichtig, und die Veränderung dieses Symbols im Laufe der Zeit geht mit dem Verschwinden der Göttinnenreligionen und dem Aufkommen patriarchaler Religionen einher. Die Schlange ist ein Symbol des ewigen Lebens und der Reinkarnation, weil sie sich periodisch häutet. Die Schlange/der Drache symbolisiert die kosmischen Wasser, die Dunkelheit, alles Verborgene, das Ungeformte, das Amorphe und Virtuelle, alles Dinge, die mit dem Reich der Mutter Erde zusammenhängen.[7] Die Schlange verschwindet in Löchern im Boden oder schlammigen Gewässern, verlässt so den Bereich des Lebendigen für eine Reise in die Dunkelheit der Unterwelt und in die Vereinigung mit den Geistern, die dort leben.

Im indischen Mythos personifizieren die Schlangenkönige und -königinnen *(nāgas)* die vom Mond beherrschten Gewässer von Seen, Flüssen und Ozeanen.[8] Eine Schlange wird oft um ein Ei gewickelt dargestellt, das ein Symbol der Zeugung und des Geheimnisses des Lebens ist und halbiert wie das Himmelsgewölbe aussieht. Dieses machtvolle Bild weist auf die essentielle Natur der Göttin hin, die Herrin der Geburt, aber auch des Todes und der Unterwelt ist.

Die Schlange war ein wichtiger Bestandteil in Heilritualen; so im runden Tholos-Tempel im Heiligtum des Aeskulap in Epidaurus. Die Fundamente des Tempels enthielten kreisförmige Kanäle, die mit grösster Wahrscheinlichkeit lebende Schlangen enthielten. Aus diesem Reservoir mächtiger Heilenergien konnten sich die heilenden Priester und Priesterinnen bedienen. Die Patienten schliefen in einem speziell ausgerichteten Gebäude, um und über dem Schlangen frei herumkriechen konnten. Ihre Träume galten als Hinweise auf Heilungsmöglichkeiten für ihre Krankheit; berührt von einer Schlan-

LINKS *«Die Göttin Kali sitzt in geschlechtlicher Vereinigung mit dem doppelten Körper des Shiva» (19. Jh., Punjab). Über die Lebenskraft des Shiva dominiert die dunkle Göttin Kali und zeigt dadurch, dass der Gott des Lebens sowohl mit seiner Frau Shakti als dem Ewig-Weiblichen verbunden ist als auch mit der Vorstellung von Tod und Wiedergeburt. Hier wird diese doppelte Natur gezeigt.*

RECHTS *«Aufgeringelte hinduistische Nāga-Schlange» (7./8. Jh., Andhra Pradesh). Die Nāga-Schlange beherrschte die Unterwelt, weil Schlangen in Erdhöhlen wohnen, die in die darunterliegende Dunkelheit führen, was auch ihrer Symbolik des sexuellen Akts entspricht.*

ge war die Heilung sicher. Ein Überbleibsel dieses alten Prozesses ist bis zum heutigen Tag der Caduceus, der geflügelte Stab mit Schlangen, Emblem des Ärzteberufs.

Oben umgab das Sternbild der Grossen Mutter, Schlange des Himmels, den Polarstern.[9] Frühe Kulturen identifizierten die Bewegung der Schlange um den Polarstern mit dem Zyklus der Sternbilder im astrologischen Jahr. Sie diente auch zur Beobachtung der Präzession des Frühlingspunktes und der Bewegung der Erdachse um den Polarstern. Diese Rückwärtsbewegung durch die Tierkreiszeichen ergibt das astrologische Grosse Jahr, indem bei jedem Zeichenwechsel ein neues Weltzeitalter begann. Sie stand im Widerspruch zur männlichen Vorwärtsbewegung der Sonne durch den saisonalen Tierkreis und galt daher als weiblich. Es besteht immer noch eine starke Verbindung zwischen dem Weg der rechten Hand und der männlichen und dem Weg der linken Hand und der weiblichen Natur, sowohl in der Magie als auch in der mystischen Sexualität.

Da die Sonne sich offenbar vorwärts durch den Tierkreis bewegte, ging die Mondgöttin jeden Abend früher auf, bis sie um die Zeit des Neumonds für drei Tage verschwand, in denen sie «starb» und wiedergeboren wurde. Die Rückwärtsbewegung des Mondes und der Präzession entsprachen dem weiblichen Einfluss der Schlange. Sie beinhaltete Geheimnis,

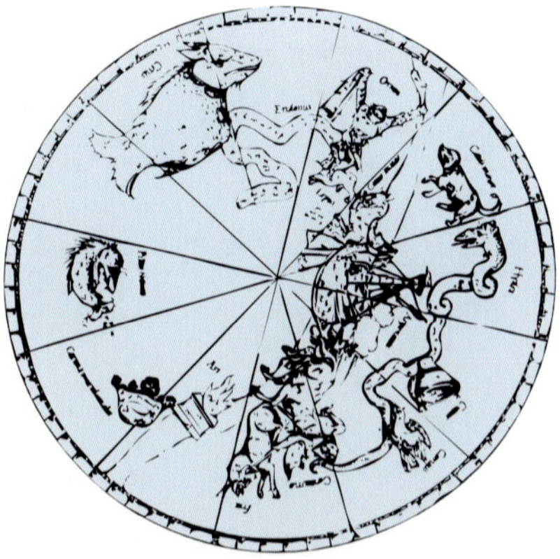

LINKS *Das Sternbild Hydra, die Schlange, scheint sich um den nördlichen Polarstern zu bewegen und dient als Zeiger für die Präzession des Frühlingspunkts und die astrologischen Weltalter (Stich aus dem 18. Jh.).*

Dunkelheit und unsägliche Macht. Die Schlange trug diese ewige kosmische Botschaft und verlangte grosse Verehrung.

Die Punkte, wo die Mondbahn die Ekliptik der planetaren Bewegungen des Tierkreises schnitt, wurden als Drachenkopf und Drachenschwanz bezeichnet und galten als Orte, wo ihre Energie die Ebene der Erde betrat und wieder verliess. Einige der frühesten Steinmonumente aus Mondgöttinnenkulturen waren so ausgerichtet, dass die Zeiten von Finsternissen vorausgesagt werden konnten, die nach dem metonischen Zyklus der Mondknoten (18,67 Jahre) auftreten.[10] Dies ist die Zeit, die zwischen zwei Eklipsen auf demselben Grad des Tierkreises und am selben Tag im Jahr liegt. Die Schlangengöttinnen wurden so zu aktiven Führerinnen zu allen Aspekten des frühen Lebens auf unserem Planeten.

• • •

HIMMELSGOTT UND MUTTER ERDE

• • •

Die Frau war durch ihre Fruchtbarkeit mit der Mutter Erde identifiziert, ihrer Macht über die Drachen- und Schlangenkräfte, die den Zyklus der Zeit bestimmten, und weil sie zu den inneren Welten der Schöpfung, Sexualität und des Todes Zugang hatte. Sie war parthenogenetisch, fähig, allein Nachkommenschaft zu empfangen und zu gebären, und machtvoll genug, dies alles ohne die Hilfe der Götter zu tun, so wie ihre magischen Kräfte sie befähigten, das Wachstum von essbaren Pflanzen zu beeinflussen. Ein ursprünglicher Bestandteil der Verehrung der Mutter Erde waren die Liebesnächte ihrer Priesterinnen in den Feldern, um deren Fruchtbarkeit zu gewährleisten.

Die Verbindung der Grossen Göttin mit dem Mond und seinen mysteriösen Bewegungen unterstützte diese Ideen. Der Mond wurde kleiner und kleiner, bis er für drei Tage verschwand; doch erschien er immer wieder, als ob er sich aus der Dunkelheit selbst erschaffen hätte, um seinen Platz am Abendhimmel wieder einzunehmen. Die Tatsache, dass der Mondzyklus am Himmel den Menstruationszyklen der Frauen entsprach – den Wunden, die immer wieder heilten – verstärkte die Verbindung. Mutter Erde war die Macht, die der Menschheit das Leben brachte. Sie war allmächtig und hatte daher kein grosses Bedürfnis nach männlichem Einfluss in ihrer Welt.

Die Grosse Göttin hatte viele Namen: den Griechen war sie bekannt als Mutter Erde, Demeter, Rhea, Aphrodite, Potnia,

UNTEN *Dem Aeskulap geweihtes Tholos-Heiligtum in Epidauros von Polycleitus (360–320 v. Chr.). Das Heiligtum der Heilkunst des griechischen Gottes Aeskulap war rund, was seiner Funktion, dem Erreichen der Ganzheit, entsprach. Unter ihm befanden sich konzentrische Ringe von Vertiefungen, in denen vermutlich die für den Heilungsprozess wichtigen Schlangen lebten.*

OBEN *Himmelskarte mit den herbstlichen Tierkreiszeichen und astrologischen Instrumenten (Stich von John Emslie, 1813–1875). Der Himmel war voller Symbolik, die in den Sternbildern darauf wartete, auf der Erde empfangen zu werden.*

Selene, Pallas Athene in ihrer Form als Vogel- und Schlangengöttin eher als in ihrer späteren, amazonischen Gestalt, Gaia und Kybele; den Babyloniern als Astarte oder Ishtar, während die Ägypter sie als Isis und Hathor kannten. Später setzte sich ihr Einfluss fort unter abstrakteren Namen, die dennoch ihre Macht bedeuteten – der Stern der Nacht, Herrin der Nacht, die dunkle Göttin, die schwarze Jungfrau – oder in noch subtilerer Form wie dem hebräischen Geist, der weiblich ist, und dem christlichen Heiligen Geist.[11] Sie war auch das griechische *pneuma*, was Geist bedeutet, das *prana* der Hindus, was Lebenskraft oder Atem bedeutet, und die gnostische Sophia, auch als Weisheit bekannt. Ihre östlichen Manifestationen waren vielgestaltig; jede Gestalt bedeutete einen Aspekt ihrer Energien und Kräfte. Als

LINKS *«Madonna der Inkas» (Spanische Schule des 17. Jh.).*

Göttin kannte man sie als Kali, Shakti oder *dakini* (Trägerin der dämonischen Energie der Weisheit), und als Durga, Göttin der ekstatischen und orgiastischen sexuellen Riten.

Wenn die Grosse Göttin mit dem Mond verbunden war, besass sie eine Qualität, die man nur mit «schwarz» bezeichnen kann. Der Mond verändert in seinem Zyklus langsam sein Erscheinungsbild, und Zeiten der Verbindung wurden gesehen als Zeiten des Todes, der Desintegration und der bösen Dunkelheit. Daher hatten viele der Göttinnen auch Schattenseiten, die sogar die Tapferen in Angst und Schrecken versetzten. In dieser Gestalt waren sie Göttinnen der Unterwelt (wie Hekate oder Persephone) oder die schwarze hinduistische Göttin Kali. «Oh Shiva! Enthülle die innere Bedeutung mei-

RECHTS *«Die schwarze hinduistische Göttin Durga» (8./9. Jh.). Durga war die Göttin ekstatischer sexueller Riten und des destruktiven Aspekts, der durch die in sexueller Unbeherrschtheit erschaffenen Leben entstand.*

ner mystischen Gestalt als Kali, die schwarz ist wie der grenzenlose Nachthimmel, erschreckend, angsteinflössend, und doch mitleidig».[12] Hinduistische Darstellungen zeigten sie als untersten Punkt eines nach unten weisenden Dreiecks der Göttinnen, zusammen mit Lakshmi (erhaltende göttliche Energie) und Saraswati (schöpferische göttliche Energie), was zeigte, dass sie der tiefste und dunkelste Aspekt des Göttin war. Als hinduistische Göttin Durga war sie die schwarze Jungfrau.

Viele ihrer Manifestationen waren parthogenetisch, denn sie konnte sich selbst fortpflanzen, und daher bekam sie Namen, die sowohl «Jungfrau» als auch «Hure» bedeuten. Sie war unerreichbar oder verborgen, kam aber in den sexuellen Riten oder Ekstasen aus sich heraus, während denen sie alles zeigte. Die babylonische Göttin Ishtar war ebenso bekannt als «himmlische Hure» wie auch als «Jungfrau». In vielen Kulturen war die Göttin als Grosse Mutter die Beschützerin der Jungfrauen, aber gleichzeitig auch die Patronin der Prostituierten. Es scheint immer eine Vermischung ihrer Formen gegeben zu haben. (In diesem Zusammenhang ist der Begriff «Jungfrau» mehr mit dem Konzept der «göttlichen Frau» verbunden als mit demjenigen einer Frau ohne sexuelle Erfahrungen.)[13]

Verehrung der Grossen Mutter war nicht nur ein spirituelles Phänomen; sie bildete auch die Grundlage zahlreicher

RECHTS *«Die Mondgöttin Ishtar» (2100–2000 v. Chr., Ur III. Periode). Ishtar, deren Symbol die Mondsichel ist, stellt den Gouverneur einer Stadt dem König von Ur vor. Im Altertum brauchten Könige die Unterstützung der Mondgöttin als Symbol ihres Sieges über Matriarchat und Chaos.*

OBEN *«Vollmond und Sonnenuntergang» von Caroline Smith. Die Beziehung zwischen der männlichen Sonne und dem weiblichen Mond ist ein Prototyp der Schöpfung. Wenn das weibliche Prinzip dominiert, ist es wie die untergehende Sonne.*

Sekten, ritueller und kultureller Bräuche. In späteren patriarchalen Kulturen bekam die Schlange langsam andere Bedeutungen. Sie wurde zu einem Symbol männlicher Potenz als Phallus, obwohl sie in der Göttin erschaffen wurde und nach Ausübung ihrer Funktionen wieder dahin zurückkehrte, um dort aufgeringelt in ihrer Umarmung zu schlafen. Dies erinnert wieder an das Leben der Schlangen, die zu ihren Höhlen unter dem Boden zurückkehren, um ihre Energien zu erneuern. Schliesslich wurde die Schlange zu einem wichtigen Symbol von männlicher sexueller Energie.

• • •

DEN DRACHEN BESIEGEN

• • •

So wie die Schlange die Grosse Göttin und die Mutter Erde darstellte, symbolisierten spätere Kulturen das Aufkommen männlichen Einflusses mit Mythen von Helden, die den Drachen besiegten. Man glaubte, dass ein Drachen von den Göttern getötet und zerstückelt werden musste, um den Kosmos zu erschaffen, wie im Mythos vom Tod und der Zerstückelung des ägyptischen Osiris durch Seth (Zeit). In Babylonien schuf der Sonnengott Marduk die

OBEN *«Der heilige Michael», Signorelli (1500, Rom). Michael wird oft mit einer Waage in den Händen als Herr der Seelen dargestellt, ein Bild wie im ägyptischen Totenbuch.*

RECHTS *«Der heilige Georg und der Drache» von Paolo Uccello (1397–1475). Eine klassische Darstellung des Helden, der den Drachen tötet und die Jungfrau rettet. Dies zeigt sowohl die Eroberung des unbewussten Chaos durch den Helden als auch die männliche Vorherrschaft über frühere Göttinnen-Kulte (dargestellt durch den Drachen). Implizit zeigt dieses Bild auch die Frau als passiv und der Rettung durch den Helden/Vater bedürftig. Die Rüstung des Helden schützt ihn nicht nur vor dem Drachen, sondern auch vor der Gefahr der Sexualität, die als Bereich der Frau gilt.*

Welt aus dem Körper des Meermonsters Tiamat (das die primordiale zeitlose Welt symbolisierte), indem er seinen Körper zerschnitt. Daraus entstanden der jährliche Kalender und die zwölf Tierkreiszeichen.[14]

Frühe christliche Legenden beschreiben den heiligen Michael und den heiligen Georg als Drachentöter, offenbar, um die reinen Christen von der Bedrohung aus alter Zeit zu retten. Aber in Wirklichkeit wurden sie beide mit Kirchenvätern identifiziert, die die früheren Kulte der Grossen Göttin ausmerzen und sie durch die christliche Kirche ersetzen wollten. Natürlich stehen viele der diesen Heiligen geweihten Kirchen an Orten, die früher der Mutter Erde heilig waren, und auf Schnittstellen der Ley-Linien (Drachenlinien), die die britische Landschaft durchziehen, wie zum Beispiel am Glastonbury Tor.[15]

Der Sieg der Götter über den Drachen zu Beginn der Zeit war nie dauerhaft – er musste jedes Jahr rituell wiederholt werden, genau so wie der Sonnengott (wie Christus) jedes Jahr zur Wintersonnenwende wiedergeboren und die Welt neu erschaffen wurde. Die Vorherrschaft über Dunkelheit, Chaos und Tod, die der Drachen darstellte, war ein zentrales Motiv der Mythologien der meisten Kulturen, in denen die Göttin in die Unterwelt verbannt und durch patriarchale Religionen ersetzt wurde. Danach, wenn solche Kulturen einen Zusammenbruch der Ordnung oder eine Niederlage in einer Schlacht erlitten, nahm man an, dass der mythische Drachen zurückgekehrt war, um gegen die von den Göttern errichtete Ordnung zu rebellieren. In unserer Zeit läuft dieser Prozess in unserer Psyche ab und kommt nirgends so machtvoll zum Ausdruck wie in der Sexualität.

KAPITEL 3

Der Niedergang des Weiblichen

ES KAM EINE ZEIT, IN DER DIE GÖTTIN NICHT MEHR VEREHRT WURDE; DANN WURDEN DIE PHYSISCHEN UND SPIRITUELLEN ASPEKTE DES WEIBLICHEN ALS BÖSE ERKLÄRT.[16]

DENN ES IST NICHT SO SCHWIERIG, DAS GEFANGENWERDEN IN DEN FÄNGEN DER LIEBE ZU VERMEIDEN, ALS DANACH WIEDER HERAUSZUKOMMEN UND DIE STARKEN KNOTEN DER VENUS ZU ZERREISSEN.[17]

Es kam, wie es kommen musste. Das Pendel schwang zurück, und was einmal erhaben, verehrt und gefeiert war, fiel in Ungnade. Die Hauptargumente für diesen grundlegenden Wechsel können kurz so zusammengefasst werden:

- Die matriarchale und matrilineale Grundlage der Gesellschaft wurde patriarchal und patrilineal.
- Ackerbaukulturen entwickelten sich und begannen mit anderen Kulturen Handel zu treiben. Mit der Erforschung der Welt kam das Besitzstreben auf, und dies führte unweigerlich zu Invasionen und Kriegen. Aggressive, mächtige Gottväter gewannen an Boden und entmachteten die weiblichen Gottheiten.[18]
- Die Frauen verloren einen grossen Teil ihrer Macht als alleinige Lebensspenderinnen, als die Männer ihren Anteil an der Erschaffung von Kindern entdeckten. Diese Erkenntnis hatte spirituelle und materielle Veränderungen in den Männern zur Folge.

In der Frau sind die verwirrenden Geheimnisse der Natur verkörpert, und der Mann entzieht sich ihrem Griff, wenn er sich von der Natur befreit.

SIMONE DE BEAUVOIR, «DAS ANDERE GESCHLECHT»

Während sich Politik, Krieg und Handel entwickelten, wurde die Rolle der Frauen im Gesamtplan immer unwichtiger. Die Grosse Göttin und ihr Gatte wurden ersetzt durch ein Spektrum männlicher und weiblicher Gottheiten. Zuletzt siegte der maskuline Monotheismus mit dem einen männlichen Gott, der donnerte «Du sollst keine anderen Götter haben neben mir». Weibliche Sexualität wurde weiterhin als machtvolle Kraft anerkannt – erst die Viktorianer sahen die Frauen als rein passive Gefässe – aber nicht mehr allgemein verehrt, sondern als Ursache aller menschlichen Übel betrachtet. Die Frau wurde zu einer Versuchung, der es zu widerstehen, die es sogar zu erniedrigen galt. Der alte

RECHTS *Gemälde von Arthur Hacker (1858–1919), das die zeitlosen Bande zwischen Frau und Natur zeigt.*

LINKS *»Die Bäder des Caracalla« (1899), von Sir Lawrence Alma Tadema (1836–1912). Viktorianische Phantasien über die Sexualität der Frauen inspirierten zahlreiche Bilder.*

OBEN *«Odalisque à l'esclave» von Ingres. Östliche Kulturen standen im Europa des 19. Jh. für Sinnlichkeit.*

GANZ RECHTS *William Blakes visionäres Bild von Gott als allmächtiger Patriarch ist bis heute ein archetypisches Symbol geblieben.*

Glaube, dass sinnliche Freuden ein Gottesgeschenk waren und in einen Zustand der spirituellen Gnade führen konnten, war unentwirrbar mit der Anbetung der Göttin verbunden und stand der patriarchalen Religion diametral gegenüber. Somit wurde er gnadenlos unterdrückt: Tempel wurden zerstört, Zölibat, Märtyrertum und masochistische Unterwerfung des Fleisches wurden zu theologischen Idealen.

• • •

PHILOSOPHEN UND PATRIARCHEN

• • •

Diese Orgie der Frauenfeindlichkeit geht auf das klassische Griechenland zurück. Demosthenes umriss die Rollen der Frauen im Umgang mit Männern: «Der Mann hat die Kurtisane für das erotische Vergnügen, Konkubinen für den täglichen Gebrauch, und Ehefrauen von gleichem Rang zur Erziehung seiner Kinder und als treue Hausfrauen».

Römische Philosophen interpretierten den Dualismus in der ersten Teilung von Himmel und Erde. Himmel, Intellekt und spirituelle Qualitäten wurden als positive, männliche Prinzipien identifiziert, während Erde, Fruchtbarkeit und Körperlichkeit als negative weibliche Prinzipien galten. Am Anfang gab es eine fruchtbare Verbindung zwischen beiden, doch bald wurden sie zu Kriegsparteien; das erden-

RECHTS *Dualismus entstand mit der ersten Teilung zwischen den Prinzipien von Himmel und Erde. Hier ein Beispiel dieser Polarität aus dem 15. Jh.*

hafte Reich der Sinne konnte dabei von vornherein nicht gewinnen.

Die Spaltung zwischen der symbolhaften Jungfrau, oder der guten Frau, und der Hure, oder der schlechten Frau, beruht auf diesem Bruch. Gemäss der Jungfrau/Hure-Phantasie ist eine gute Frau eine blutlose Kreatur. Sie ist voller Tugenden wie Geduld, Ehrlichkeit und Freundlichkeit, dazu rein und keusch, wird nie von sexuellen Begierden bedrängt und hat auch keine Freude an der sexuellen Vereinigung. Diese Zuordnungen verleugnen ihre Fraulichkeit und machen sie zu einer gefahrlosen Partnerin für den Mann. Er muss sich nie darum sorgen, dass sie ihn verlassen oder mit einem anderen betrügen könnte, da sie am Sex keine Freude hat. Aber der Körper einer Frau ist geschaffen für das sinnliche Vergnügen. Die Klitoris hat zum Beispiel keine andere Funktion; sie ist voller sensitiver Nervenenden, die auf Berührung reagieren. In einigen Gegenden der Welt wird die Klitoris immer noch chirurgisch entfernt, um den Orgasmus zu verhindern. Gemeinsames sexuelles Vergnügen ist jedoch eine magische und anregende Erfahrung für beide Partner. Um dies nicht ganz verleugnen zu müssen, wird der Jungfrau als Gegensatz die Hure gegenübergestellt. Sexuelles Vergnügen kann mit ihr immer noch erfahren werden, aber sie ist abgespalten von «der Liebe einer guten Frau», da gute Frauen von

Fleischeslust nichts wissen. Huren verkörpern die sexuelle Weiblichkeit, die unabhängige Frau, die dunklen und gefährlichen Reiche der Ekstase. Unsere Phantasie sagt uns, dass sie deshalb schlecht sind und Männer vom Weg abbringen, indem sie sie in ihr Bett locken. Die Freuden, die diese dort erleben, sind mit Sünde behaftet, aber da die Frau die Verführerin war, können die Männer nichts dafür. Dieses gespaltene Bild des Weiblichen hat keinen entsprechenden männlichen Archetypen. Ein guter Mann ist nicht notwendigerweise ein zölibatärer Heiliger, und ein schlechter Mann kann ein treuer Ehemann sein.

Die Spaltung in Jungfrau und Hure bleibt eine Phantasie, verwurzelte sich aber über viele Jahrhunderte hinweg und hat auch heute noch Einfluss. Tertullian (150–230 n. Chr.) schrieb «Die Frau ist ein Tempel über einer Kloake» und tönte an, Frauen sollten Trauerkleidung tragen zum Zeichen der Reue, da sie am Fall der ganzen Menschheit schuld seien. Unnötig zu sagen, dass die Frauen seinen Wünschen nicht nachkamen. Männer wie Plotin (3. Jh. n. Chr.) priesen Verdrängung von Sexualität und Sinnlichkeit als Weg zu Gott, aber den dauerhaftesten Einfluss hatten die Lehren von Paulus und Augustin.

Es ist gut für den Mann, keine Frau zu berühren. Wegen der Gefahr der Unzucht soll aber jeder seine Frau haben … Wenn sie aber nicht enthaltsam leben können, sollen sie heiraten. Es ist besser zu heiraten als sich in Begierde zu verzehren.

PAULUS, 1. KORINTHER 7; 1,2,9.

Ich kenne nichts, das den Geist des Mannes mehr aus seinen Höhen herunterholt als die Liebkosungen einer Frau und diese Vereinigung der Körper, ohne die man keine Frau haben kann.

AUGUSTINUS

UNTEN *«La Grande Odalisque» von Ingres. Während Jahrhunderten verkörperten Kurtisanen und Prostituierte die sexuelle Seite des Weiblichen.*

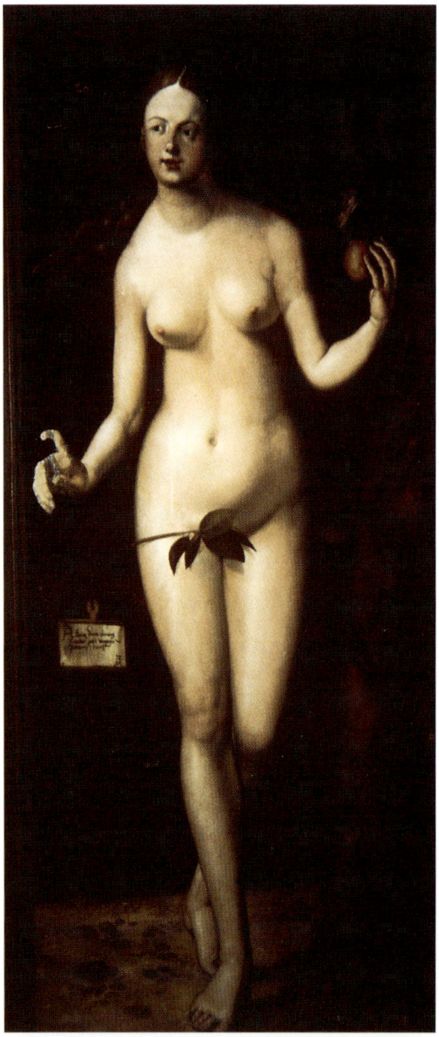

RECHTS *Eva, der die Schuld für den Fall der Menschheit zugeschoben wird, wurde trotzdem oft gemalt. Diese wissende Version ist von Hans Baldung Grien.*

Die Gedanken, Worte und Taten dieser zwei moralischen Schwergewichte endeten in Jahrhunderten der Unterdrückung und Heuchelei – denn in der realen Welt verliebten sich die Menschen weiterhin und erfuhren alle Freuden und Qualen des Verlangens. Der östliche Zweig der Kirche und die keltischen Christen gingen freudigere Wege und ignorierten weitgehend die trostlosen, lebensverneinenden Edikte der frühen Kirchenväter. In England zum Beispiel wurde den christlichen Priestern das Zölibat erst nach über tausend Jahren auferlegt. Danach belebten zahlreiche Skandale das monastische und klerikale Leben, wenn weder Geist noch Fleisch willig oder fähig waren, sich der Doktrin der völligen Keuschheit zu unterwerfen.

Ironischerweise stützte sich der ursprüngliche Wortlaut des anglikanischen Eheversprechens auf eine ältere angelsächsische Tradition. Das verdächtig heidnische Versprechen «Mit meinem Körper verehre ich dich» wurde irgendwie beibehalten. In der angelsächsischen Version schwur der Bräutigam: «Mit diesem Ring heirate ich dich, und dieses Gold und Silber gebe ich dir, und mit meinem Körper verehre ich dich, und mit allen meinen weltlichen Gütern will ich dich ehren.» Seine Braut antwortete dann: «Ich nehme dich zum Ehemann, um dich zu haben und zu halten, in guten und schlechten Zeiten, in Reichtum und Armut, in gesunden und kranken Tagen, um hübsch und gefällig zu sein im Bett und am Tisch, bis dass der Tod uns scheidet.»[19]

• • •

EVAS FLUCH

• • •

Zur Frau sprach er:
Viel Mühsal bereite ich dir,
sooft du schwanger wirst.
Unter Schmerzen gebierst
du Kinder. Du hast Verlangen
nach deinem Mann;
er aber wird über dich herrschen.

GENESIS, 3.16

Der biblische Fluch über Eva und ihre Töchter stellt eine glatte Umkehrung der der Göttin heiligen Überzeugungen und Praktiken dar. Allen folgenden Dogmen und Doktrinen ist er zentral und führte zur «Verbreitung von Schuld, die die Men-

LINKS *Hexen symbolisierten die unterdrückten Göttinnen der alten Zeit, und ihnen wurden grosse Macht und übernatürliches Wissen zugeschrieben.*

schen in einem endlosen Kreis von Schuld und Sühne gefangennahm … das kulturelle Vermächtnis des dunkeln Zeitalters der frühen Christenheit. Die westliche Gesellschaft beginnt erst jetzt, sich aus ihrem Schatten zu befreien.»[20]

Der Gott der jüdisch-christlichen Tradition sagt, dass er ihre Empfängnis vervielfachen wird und bedroht so das Wissen der Frauen über Geburtenkontrolle und die tantrischen Geheimnisse des Zurückhaltens der Ejakulation (siehe Kapitel 6). Eva werden auch Geburtsschmerzen auferlegt, die die Priesterinnen und Hebammen mit ihren grossen Kenntnissen der Kräuter lindern konnten. Solche Verfluchungen und die Verfolgung von Hebammen waren Versuche, die Macht der alten Sitten zu brechen. Der *Malleus Maleficarum* («Der Hexenhammer») aus dem Jahr 1484, eine Grundlektüre für Hexenjäger, sagt: «Niemand schadet dem katholischen Glauben mehr als die Hebammen.» Tatsächlich leitet sich das englische Wort «Midwife» aus dem angelsächsischen «medwyf», das heisst «weise Frau», ab, einem anderen Ausdruck für Hexe. 1559 rieten die «Articles of Enquiry» des englischen Parlaments den Kirchenmännern zu besonderer Wachsamkeit gegenüber «Behexung, Zauberei, Anrufungen, Zirkeln, Hexerei, Wahrsagerei … insbesondere in der Zeit der Wehen einer Frau». Noch im 19. Jahrhundert galt der Gebrauch von schmerzlindernden Mitteln bei der Geburt als Gotteslästerung, und in Amerika betrachtete man Chloroform als «Erfindung Satans.»

Ausserdem wurden Evas Sexualität und Autonomie verflucht. Sie darf nur ihren Ehemann begehren und muss sich seinem Willen unterwerfen. Die Verfluchung Evas macht in einem kurzen Satz Schluss mit der Anbetung der Göttin, heiligen sexuellen Praktiken und der Gleichheit von Frauen und Männern. Im 12. Jahrhundert erinnerte Odo von Clunys Spruch «Eine Frau zu umarmen heisst einen Sack voller Dung umarmen» an Tertullian. Der Malleus Maleficarum stellt fest: «Alle Hexerei entsteht aus fleischlicher Lust, die bei den Frauen unersättlich ist.» Dies könnte aus

LINKS *Ein weiteres Beispiel Ingres' für das sexuelle Weibliche, sicher verwahrt im Umfeld einer nichtchristlichen Kultur.*

RECHTS *Die infamen Hexenprozesse wurden während Jahrhunderten durchgeführt. Diejenigen in Salem, Amerika, gehörten zu den letzten Ausbrüchen dieser Hysterie.*

einem arabischen Sprichwort stammen, das die Bibel zitiert:

> *Drei sind es, die nie satt werden,*
> *vier sagen nie: Genug! –*
> *die Unterwelt und der unfruchtbare Mutterschoss, die Erde, die nicht satt wird an Wasser, und das Feuer, das nie sagt: Genug!*
>
> SPRICHWÖRTER 30, 15–16

Alles, was auf heidnische Freuden, Fruchtbarkeitsrituale oder sexuelle Freiheit hindeutete, wurde verdammt, obwohl damit solche Aktivitäten nie lange ausgerottet wurden. Heidnische Bräuche hatten eine Vitalität, mit der Kirche und Staat nie mithalten konnten. Versuchsehen, später bekannt unter der Bezeichnung «in Sünde leben», waren weitverbreitet, besonders in abgelegeneren Gegenden. Noch im 18. Jahrhundert unterzogen sich Männer und Frauen zu Lammastide (1. August) einer Zeremonie namens «handfasting» (Händeschluss), in der sie einen Partner für ein Jahr aussuchten. Dieser Brauch erinnert an den Mythos der Göttin und ihres jährlichen Gefährten. Die Landbevölkerung war in sexuellen Dingen nicht zimperlich, im Gegensatz zu vielen gelehrten Mitgliedern der Gesellschaft. Im 16. Jahrhundert schrieb zum Beispiel Philip Stubbes, ein prüder englischer Puritaner, voller Empörung über die ländlichen Fruchtbarkeitsfeiern, die seit Menschengedenken am Maitag stattfanden: «Ich habe glaubhafte Berichte von ernsten, wichtigen und angesehenen Männern gehört, dass von vierzig, neunzig oder hundert Mädchen, die die Nacht im Wald verbrachten, kaum ein Drittel ungeschändet heimkam.»[21]

Inzwischen lebten in der realen Welt wirkliche Frauen als Mütter, Liebende, Poetinnen, Malerinnen, Forscherinnen, Piratinnen, Hofdamen, Händlerinnen und so weiter – obwohl es oft gelinde ausgedrückt herausfordernd gewesen sein muss. Schliesslich wurden jedoch die Freude der Menschen an der Sexualität, die alten und zivilisationsschaffenden

RECHTS *Man glaubte, dass Hexen einen Pakt mit dem Teufel geschlossen hätten. In diesem Bild trägt der Teufel eine Hexe fort zu ewigen Qualen.*

Künste der Verhütung und der Hebammen, und vor allem die spirituellen Aspekte des weiblichen Prinzips auf einen Haufen geworfen, als ketzerisch etikettiert und dem Teufel zugeordnet. Hexen und Huren, visionäre Frauen, Frauen, die heilten und Frauen, die allein lebten, wurden verfolgt. Eine nicht abschätzbare Zahl von ihnen wurde unter dem scharfen Regime der Inquisition grausam gefoltert und getötet. Diese kollektive Hysterie vergiftete die europäische Psyche für Jahrhunderte und brach dann in Amerika mit den berühmten Hexenprozessen von Salem aus. Aber der unerbittliche unterirdische Strom floss weiter, und mystische sexuelle Geheimnisse fanden – noch besser verhüllt – ihre Heimat in den Gesängen der Troubadouren, in alchemistischen Schriften, in mysteriösen Gemälden und Skulpturen sowie im Kern vieler gnostischer Häresien.

OBEN *«Hexensabbat» von Goya.*
Genau wie die Prostituierten erweckten die Hexen Faszination und Abscheu zugleich.

♦

KAPITEL 4

Die Heilige Hure Mesopotamiens

GANZ RECHTS *«Der Tanz der sieben Schleier» von Armand Point. Der Tanz entstand aus dem Mythos von Ishtars Abstieg in die Unterwelt, wo sie ihren Geliebten suchte.*

ICH MACHE DAS MÄNNLICHE ZUM WEIBLICHEN. ICH BIN ES, DIE DEN MANN FÜR DIE FRAU SCHMÜCKT; ICH BIN ES, DIE DIE FRAU FÜR DEN MANN SCHMÜCKT.

Worte der Göttin Ishtar

Eine grosse und mächtige Zivilisation blühte einst in Mesopotamien (griechisch für «zwischen den Strömen»). Diese Gegend im heutigen Irak schloss die Königreiche von Sumer, Akkadien, Assyrien und Babylonien ein, doch ihre Kultur und ihr Einfluss reichte über ein viel grösseres Gebiet des Mittleren Ostens.

Die frühesten sumerischen Zeugnisse enthüllen eine Kultur, in der Frauen und Männer denselben Status hatten. Die hauptsächlichste Verehrung galt der Göttin Inanna/Ishtar, Mondgöttin, Herrin des Lebens und der Liebe, die in der Bibel als Hure Babylon erwähnt wird.[22] Die Mesopotamier hielten täglich religiöse Riten ab, brachten ihren Gottheiten Speis und Trank dar. Die Tempel waren auch Handelszentren und dienten als Banken, die Darlehen gaben. Monatliche Riten zu Ehren der Mondphasen wurden durchgeführt: «Am Tag des Verschwindens des Monds, am Tag, an dem der Mond schläft.» Die genaue Beobachtung der Mondphasen war sehr wichtig für den Kalender, aus dem das genaue Datum und die Zeit aller religiösen Bräuche hervorging. Der wichtigste Tag im Jahr war ein heiliger sexueller Ritus von höchster Bedeutung. Jedes Neujahr «heiratete» der herrschende König anlässlich höchster Feiern die Göttin Inanna/Ishtar. Dieser Ritus wurde während Jahrtausenden durchgeführt und beeinflusste nachfolgende Zivilisationen im symbolischen wie auch im konkret rituellen Sinn.

• • •

ZUM LOBE DER ISHTAR

• • •

Preiset Ishtar, die
furchtgebietendste aller Göttinnen,
verehret die Königin der Frauen,
die grösste aller Gottheiten.
In Freude und Liebe ist sie gehüllt.
Voll des Lebens, der Anmut und
der Wollust ist sie.
Süsse ist auf ihren Lippen,
in ihrem Mund liegt Leben.
Ihre Erscheinung macht das
Vergnügen erst voll.[23]

Ishtar hatte wie alle Gottheiten viele Titel und Namen. In Babylon bedeutete ihr Name «Stern», das Licht der Welt. Semitische Völker eroberten nach und nach die sumerischen Gebiete, veränderten die ursprünglichen Mythen und fügten weitere Namen für die Göttin hinzu. Sie war bekannt als Aschtoreth, zu der König Salomon am Ende seiner Tage zurückkehrt; sie wurde auch Har oder Hora genannt – woraus «Hure» wurde. Der Inanna/Ishtar dienten mächtige Priesterinnen-Prostituierte, «Trägerinnen ihrer schöpferischen Lebenskraft in der sexuellen Vereinigung mit den Männern, die zur Ausführung eines heiligen Rituals dorthin kamen.»[24]

Diese Göttin besass eine reiche Vielfalt an Kräften, darunter auch den erschreckenden Aspekt der Göttin des Krieges und der Stürme. Ihre frühesten Manifestationen werden auf Bildern mit dem Baum des Lebens, der heiligen Schlange und zahlreichen Vögeln dargestellt. Sie steht daher mit den Schlangen-Vogel-Göttinnen vieler Kulturen in Verbindung.

Inanna/Ishtar genoss viele Geliebte. Der Titel «Jungfrau» bezog sich auf ihren unabhängigen, unverheirateten Status. Ihr Hauptgefährte war ihr Sohn/Bruder/Ge-

OBEN *Eine phönizische Elfenbeinplatte, die Göttin Ishtar darstellend.*

liebter Dumuzi oder Tammuz, was «treuer Sohn» bedeutet – ein Hinweis auf die Mondphasen. Dumuzi/Tammuz wird in Gedichten und Hymnen als «Herr des Lebens», «der Grüne» sowie als «Hirte des Volkes» bezeichnet – und oft in Form eines Lammes geopfert. Die anderen, dem Sohngeliebten verbundenen Totemtiere sind der Widder und der herrliche «Himmelsstier».

Aber wie alle frühen Gemahle war der Gott des Korns Dumuzi/Tammuz dazu bestimmt, ein frühes Ende als Opfer zu finden. Sein ritueller Tod, begleitet von einem Trauermonat, fand nach der Ernte im Hochsommer statt. Dies fiel zusammen mit dem Wiederauftauchen des Hundssterns Sirius, der Mitte Juli mit der Sonne aufsteigt. Zu dieser Zeit stieg der Geliebte der Göttin ins «Land ohne Rückkehr» – die Unterwelt – hinunter, das Leben auf der Erde wurde steril, ausgetrocknet von den unerbittlichen Strahlen der Hochsommersonne.

Die Göttin betrauerte jedes Jahr den Verlust ihres Geliebten mit Wehklagen, die von den Menschen im Tempel angestimmt wurden. Natürlich würde sie ihn schliesslich wieder zum Leben erwecken, damit der ewige Kreislauf des Jahres stattfinden konnte – das Leben wurde bestätigt und wieder eingesetzt. Einige Gelehrte nehmen an, dass vor langer Zeit jedes «grosse Jahr» ein Menschenopfer dargebracht wurde – das heisst, jedes achte Jahr. Schriftliche Zeugnisse entstanden jedoch erst sehr viel später, und damals wurden Tod und Auferstehung des Geliebten nur symbolisch durchgespielt. Der Gott war immer zyklischer Natur, während die Göttin wie die Erde selbst beständig war. Aber im dritten Jahrtausend v. Chr. forderte das *Gilgamesch-Epos*[25] diese etablierte Weisheit heraus. Darin begehrt Ishtar den Helden: «Die glorreiche Ishtar hob ihr Auge auf die Schönheit von Gilgamesch: ‹Komm, Gilgamesch, sei mein Geliebter! Gewähre mir deine Frucht.›»

Gilgamesch jedoch antwortet mit einer Aufzählung aller ihrer vorhergehenden

Geliebten und deren unglücklichem Ende. Er sagt: «Welchen Geliebten hast du für immer geliebt? Welcher deiner Hirten gefiel dir für alle Zeiten? … Für Tammuz, den Geliebten deiner Jugend, hast du Jahr um Jahr Wehklagen befohlen …» Der Held lehnt die sexuelle Einladung der Göttin ab, tötet ihren göttlichen Stier und feiert seine Heldentat mit seinem Freund Enkidu (in einer anderen Geschichte ein erbitterter Feind). Dieses epische Gedicht zeigt klar die damaligen gesellschaftlichen Veränderungen, da eine männliche Figur nicht nur die Grosse Göttin zurückweist, sondern sich auch für ihre wilden Übergriffe rächt.

In anderen Gedichten ist die Beziehung zwischen der Göttin und ihrem Geliebten jedoch leidenschaftlich, erotisch und überquellend von Bildern der Fruchtbarkeit. Hier ist die sumerische Inanna, die ihren «Honigmann» preist:

Er keimte; er spross;
Er ist wie Lattich, der am Wasser wächst.
Er ist's, den mein Schoss am liebsten hat.
Mein dicht bewachsener Garten in der Ebene,
Meine hochwachsende Gerste in ihrer Furche,
Mein Apfelbaum, der Früchte trägt bis hinauf zur Krone,
Er ist wie Lattich, der am Wasser wächst.
Mein Honigmann, mein Honigmann macht mich immer süss.
Mein Herr, der Honigmann der Götter,
Er ist's, den mein Schoss am liebsten hat.
Seine Hand ist Honig, sein Fuss ist Honig,
Er macht mich immer süss.
Mein begieriger stürmischer Liebkoser des Nabels,
Mein Liebkoser der weichen Schenkel,
Er ist's, den mein Schoss am liebsten hat.
Er ist wie Lattich, der am Wasser wächst.[26]

UNTEN *Ishtar wird dargestellt als wollüstige Frau, ein Symbol ihrer grossen Fruchtbarkeit.*

RECHTS *Eine babylonische Alabasterfigur der Ishtar.*

OBEN *Die sinnlichen Windungen der Schlange könnten die wellenförmigen Bewegungen des orientalischen Tanzes inspiriert haben.*

• • •

DIE HUREN BABYLONS

• • •

Ishtars heilige Huren gehörten zu einer organisierten Hierarchie, die von den Babyloniern gewissenhaft aufgezeichnet wurde. Ihre höchstrangigen Priesterinnen wurden *entu* genannt und trugen spezielle Kleidung. Ihre Hüte, ihr Schmuck und ihr Zeremonienstab waren wie diejenigen des Herrschers, und ihr Status gleich demjenigen der männlichen Priester.

Die babylonischen *naditu,* die gleich unter den entu folgten, stammten aus den höchsten Familien des Landes. Wenn sie ihr Leben der Göttin weihten, sollten sie unverheiratet und kinderlos bleiben. Die naditu ignorierten diese Vorschrift und führten ein erfülltes und aktives Leben. Sie waren intelligent und schlau, mit beträchtlichem geschäftlichem Scharfsinn: «Sie kauften, verkauften und vermieteten; liehen Geld und Korn; investierten, importierten, exportierten, handelten mit Sklaven, führten Land und Leute, spielten auch in den Klöstern eine wichtige Rolle in der Wirtschaft ihres Landes.»[27] Unter diesen Frauen standen dann die *quadishtu* (heiligen Frauen) und die *ishtaritu,* von denen sich viele auf Tanzen, Musik und Singen spezialisierten.

Aus Informationsfetzen aus der klassischen Literatur und gewissen Kunstwerken kann man schliessen, dass diese Frauen ihre Sexualität demonstrierten, indem sie eine Version des sinnlichen, wellenförmigen Bauchtanzes tanzten, die bis heute überall im Mittleren Osten sehr populär ist. Wie Wendy Buonaventura über den Tanz schreibt: «... Dennoch weist alles hin auf eine Verbindung zwischen mimischen Geburtsdarstellungen, frühem Schöpfungstanz und dem, was Teil der Göttinnenrituale in der prähistorischen Welt war.» Der Tanz ist charakterisiert durch «... schlangenartige und kraftvolle Hüft- und Beckenbewegungen, den Umgang mit Schleiern, ein Zu-Boden-Gehen und das rituelle Tragen eines Hüftgürtels oder einer Schärpe, was mit dem symbolischen Emblem der Ishtar, einem Gürtel, in Verbindung gebracht werden kann.»[28] Im Mittleren Osten wird dieser Tanz immer noch von Frauen an Veranstaltungen getanzt, zu denen Männer keinen Zutritt haben.

Ausser den Aktivitäten der heiligen Tempelhuren gab es das Sakrament der sexuellen Initiation. Der griechische Historiker Herodot (3 v. Chr.) erzählt: «Die babylonische Sitte ... will, dass jede Frau einmal in ihrem Leben im Tempel der Liebe sitzt und mit einem Fremden verkehrt ... die Männer gehen vorbei und treffen ihre Wahl. Welche Summe er auch immer anbieten wird, die Frau wird es nie ablehnen, denn da das Geld durch diesen Akt heilig geworden ist, wäre das eine Sünde. Nach der Vereinigung hat sie sich in den Augen der Göttin heilig gemacht und geht wieder nach Hause; und danach wird keine auch noch so grosse Summe sie verlocken. So sind dann die Frauen, die gross und blond sind, bald frei zu gehen, aber die weniger Hübschen müssen lange warten, weil sie das Gesetz nicht erfüllen können; einige von ihnen bleiben drei oder vier Jahre. Es gibt einen Brauch wie diesen in gewissen Gegenden Zyperns.»[29] Viele dieser Frauen kehrten nach Hause zurück, heirateten und bekamen Kinder. Spätere sumerische Texte jedoch rieten davon ab, eine Tempelhure zu heiraten, weil diese zu unabhängig sei «und ausserdem gewöhnt, andere Männer zu empfangen; sie würde eine unsympathische und schwer zu behandelnde Ehefrau abgeben.»

Den heiligen Huren werden transformative Kräfte nachgesagt, wie der Mythos des wilden, haarigen Enkidu zeigt. Das *Gilgamesch-Epos* erzählt, der halbgöttliche Held sei so arrogant geworden, dass die Götter Enkidu erschufen, der etwas von seiner Macht stehlen sollte. Ein Jäger entdeckte dieses primitive Wesen an einem Wasserloch und berichtete Gilgamesch über die Falle. Als Gilgamesch das hörte, sandte er ein «Kind der Freude» aus dem Liebestempel, um Enkidu wegzulocken. Die Frau entkleidete sich, «legte ihre Reife dar». Dies hatte die gewünschte Wirkung und der Tiermensch war gefangen:

... und [Enkidu] besass ihre Reife.
Sie war nicht beschämt, als sie sein Feuer willkommen hiess.
Sie legte sich neben ihr Tuch, und er lag auf ihr.
Sie behandelte ihn, den Wilden, mit dem Geschick einer Frau,
Und sie zog seine Liebe in sich.

Nach sechs Tagen und sieben Nächten Liebesunterricht war Enkidu initiiert – er besass «Weisheit» und «erweitertes Verstehen». Die Prostituierte führte ihn zu den Toren der Stadt, wo er ein neues, zivilisierteres Leben begann – seine animalische Natur war durch diese leidenschaftliche Begegnung und seine neuen Kenntnisse der Liebeskünste transformiert worden.

• • •

DIE HEILIGE EHE

• • •

Die Göttin Inanna spricht zu ihrem Geliebten:

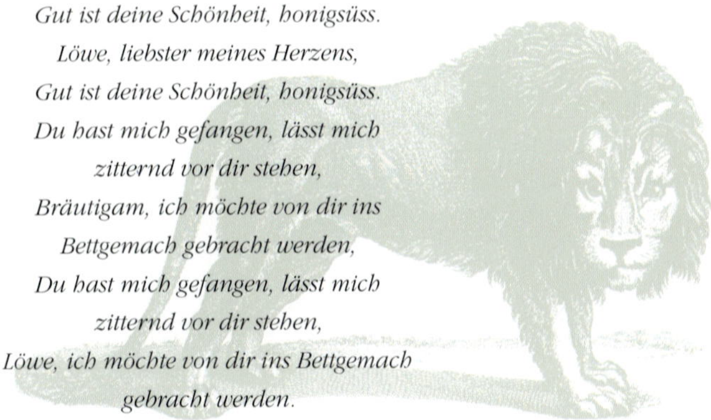

Bräutigam, liebster meines Herzens,
Gut ist deine Schönheit, honigsüss.
Löwe, liebster meines Herzens,
Gut ist deine Schönheit, honigsüss.
Du hast mich gefangen, lässt mich zitternd vor dir stehen,
Bräutigam, ich möchte von dir ins Bettgemach gebracht werden,
Du hast mich gefangen, lässt mich zitternd vor dir stehen,
Löwe, ich möchte von dir ins Bettgemach gebracht werden.
Bräutigam, lass mich dich liebkosen,
Meine köstliche Liebkosung schmeckt besser als Honig,
Im Bettgemach, voller Honig,
Wollen wir uns deiner Schönheit erfreuen,
Löwe, lass mich dich liebkosen.
Meine köstliche Liebkosung schmeckt besser als Honig.[30]

UNTEN *Ishtar sitzt am Fenster – ein Bild der Göttin als heilige Prostituierte.*

RECHTS *«Der Halbgott Gilgamesch mit einem Löwen», assyrisches Steinrelief (8. Jh. v. Chr.)*

Die heilige Ehe zwischen Priesterin und König war das feierlichste aller mesopotamischen Rituale. Durch diesen Akt wurde die Fruchtbarkeit und reine Lebenskraft der Göttin angerufen, entfesselt und zu Land und Volk hinuntergezogen. Ihr Segen galt der Erde selbst und der Stellung des herrschenden Königs. Ohne diese Heirat mit der Göttin in ihrer lebenden Form der Priesterin hätte der König als nicht fähig gegolten, über sein Volk zu herrschen. Seine weltliche Macht war eng mit seiner physischen Potenz und seinen sexuellen Energien verbunden.

Der Neujahrstag war diesen ekstatischen, hedonistischen Feiern vorbehalten. In Mesopotamien fiel das Neujahr auf die Frühlingstagundnachtgleiche, wenn die Erde mit neuem Leben pulsierte. In einem mehrtägigen Freudenfest verehrte das Volk die göttliche Natur der sexuellen Freuden. Alles sollte die Sinne anregen, und Männer und Frauen badeten und salbten sich mit Kräutern und Essenzen. Sie bemalten ihre Augenlider und ihre Gesichter und schmückten sich mit Geschmeide. Parfümierte Wasser wurden benutzt, um ihr dunkles Haar zu locken. Herausgeputzt tranken sie mit Wein auf die Göttin und ihren Bräutigam und führten kreisende, schlangengleiche Tänze zur Musik von Lyren, Flöten und Trommeln auf. Opfer wurden dargebracht, und die Luft war schwer mit dem Duft von Zimt, Aloe und Myrrhe. Ein grosses Weihrauchgefäss rauchte auf der Spitze des legendären Turms zu Babel.

Auf dem Höhepunkt dieses lasziven Karnevals näherte sich der König dem Tempel und brachte Inanna/Ishtar Öl, kostbare Gewürze und verführerische Gerichte dar. Die Menge an der Tempelmauer sang heilige erotische Gedichte und schuf so eine sinnliche, erwartungsvolle Atmosphäre mystischer Teilnahme. In diesen Gedichten bereiteten sich die Göttin und ihre Verkörperung, die Priesterin, auf die Heirat vor:

Wenn ich für den wilden Stier, den
Herrn, gebadet habe,
Wenn ich für den Hirten Dumuzi
gebadet habe …
Wenn ich meinen Mund mit Ambra
bestrichen habe,
Wenn ich meine Augen mit Kajal bemalt
habe.[31]

Die heilige Hochzeit fand im Innersten des Tempels statt, wo der König auf die Göttin/Priesterin wartete. Ein Gedicht beschreibt, wie die tiefe religiöse Bedeutung ihrer Vereinigung «den Thron im Heiligtum» so hell wie das Tageslicht erstrahlen liess und den König transformierte, der wurde «wie der Sonnengott», buchstäblich und symbolisch erleuchtet. Inannas Leidenschaft wird in stürmischen Gedichten beschrieben. Die Hymnen und heiligen erotischen Gedichte Mesopotamiens feiern die Macht, Energien und transformativen Qualitäten der Sexualität. Diese unteilbare Verschmelzung des Sexuellen mit dem Spirituellen bildete den Kern der Religion.

Der folgende sinnliche Text beschreibt die göttliche Liebe von Inanna und Dumuzi – den Vollzug der heiligen Ehe. Es ist die Fortsetzung obiger Zeilen und stammt von den Zylindern von Gudea (zirka 3000 v. Chr.) aus dem alten Sumer:

Wenn der Herr bei der heiligen Inanna
liegt, der Hirte Dumuzi,
Mit Milch und Rahm den Schoss
geglättet ...,
Wenn er auf meine Vulva seine Hände
wird gelegt haben,
Wenn wie sein schwarzes Boot er es ...
haben wird,
Wenn wie sein schmales Boot er Leben
gebracht haben wird,
Wenn er mich auf seinem Bett liebkost
haben wird,
Dann werde ich meinen Herrn liebkosen,
ein schönes Schicksal werde ich für
ihn befehlen,
Ich werde Shulgi, den treuen Hirten
liebkosen,
Ein schönes Schicksal werde ich für ihn
befehlen,
Ich werde seine Lenden liebkosen,
Die Hirtenschaft über alle Länder werde
ich als sein Schicksal befehlen.

LINKS *Die Vorstellung des biblischen Turms zu Babel entstand aufgrund des babylonischen Tempels der Ishtar.*

RECHTS *»Die ägyptische Göttin Maat mit der Feder der Wahrheit« (XIX. Dynastie, 1300–1200 v. Chr.). Maat hatte die Aufgabe, die Seelen der Verstorbenen gegen eine Feder aufzuwiegen, wodurch Klarheit und Gottesfurcht des vergangenen Lebens bestimmt wurden.*

GANZ RECHTS *»Die Göttin Hathor legt Seti I. den magischen Kragen um« (Grabmal des Seti I., Neues Königreich, XIX. Dynastie, 1314–1200 v. Chr., Louvre). Die Göttin Hathor legt dem Pharao Seti I. ein magisches Halsband um, was ihn zu ihrem mystischen Gemahl macht und ihn mit der göttlichen Energie verbindet.*

KAPITEL 5

Ägyptische Sexualmythologie

AUS DER VEREINIGUNG VON CHAOS UND WIND ENTSTAND MAAT IN IHRER FORM ALS WELTEI.

Die alte ägyptische Kultur ist äusserst beziehungsreich und einmalig. Schon bei ihrer Entstehung war sie in kultureller, religiöser und architektonischer Hinsicht hochentwickelt. Es gibt keine lange Entwicklung zum Endzustand, vielmehr scheinen die verfeinertsten Manifestationen zu Beginn der Zivilisation entstanden zu sein, in der ägyptischen Mythologie.

Ägypten war gemäss den mystischen Lehren von den Göttern geschaffen worden, das Leben war ihr Geschenk. Diese magischen Wesen herrschten für nahezu drei Jahrtausende und waren in einer machtvollen Mythologie verwurzelt, deren Symbole sie gleichzeitig darstellten – die Gesellschaft lebte vom Mythos, bis sie selbst einer wurde.

Das Mysterium von Osiris und Isis ist in der ägyptischen Religion zentral. Dieser machtvolle Mythos enthielt gleichzeitig mehrere Mythen: den Fruchtbarkeitsmythos einer Ackerbaugesellschaft; einen astronomischen Mythos entsprechend den Bewegungen der Gestirne; eine wissenschaftliche Formel der Naturprinzipien, einen politischen Mythos über die Beziehungen der beiden Landesteile, unteres und oberes Ägypten; und eine Darstellung tiefer, symbolisch verwurzelter spiritueller Prinzipien. Die Beziehung zwischen Osiris und Isis war auch ein Modell für die Sexualität unter den Pharaonen, eine symbolische Darstellung des Fruchtbarkeitsmythos.

Obwohl er in der ägyptischen Religion äusserst wichtig war, gab es verschiedene Varianten des Osiris-Mythos. Möglicherweise war er den Ägyptern so vertraut, dass er nie in Hieroglyphen festgehalten werden musste.[32] Die am weitesten verbreitete Version lautet:

Osiris war der Sohn der Himmelsgöttin Nut, und der ältere Bruder von Isis, Seth, Nephthys und Anubis; und auch der erste König von Ägypten. Seine Gefährtin war seine Schwester Isis. Zusammen mit dem Gott der Schriftkunst, Thoth, gab er der Menschheit die Künste der Zivilisation. Ägypten gedieh, aber sein Bruder Seth war eifersüchtig. Er ermordete Osiris und schnitt seinen Körper in dreizehn Stücke, die er über Ägypten verstreute und so der kinderlosen Isis keine Erben hinterliess. Sie aber sammelte die Stücke des Osiris und benutzte ihre magischen Kräfte, um seinen

OBEN *»Die Göttin Isis umarmt ihren Mann und Bruder Osiris« (ägyptisch, Grab des Seti I.). Isis war gleichzeitig Schwester und Frau des Osiris, ähnlich der ägyptischen und gnostischen Mythologie der Göttin, die sowohl Schöpferin als auch Frau des Gottes ist.*

Körper neu zu schaffen. So machte sie aus ihm die erste Mumie, und hatte Sex mit seinem abgeschnittenen Phallus (dem 13. Teil), um schwanger zu werden. Osiris wurde dann in das Sternbild Orion verwandelt und wurde zum Herrscher des Königreichs der Toten und Aufseher des Sterberituals. Isis verbarg sich in den Sümpfen des Nils und gebar den Sohn Horus, den sie zu einem mächtigen Prinzen erzog. Als er ein Mann geworden war, trug er mit Seth ein Duell aus, in dessen Verlauf er ein Auge verlor und Seth seine Hoden. Der Ausgang des Kampfes war unklar, doch am Schluss errang Horus das Wohlwollen des Sonnengottes und herrschte als erster Pharao über Ägypten und wurde zum ewigen Auge des Ra.

Jeder folgende Pharao war eine Reinkarnation des Horus und hatte die Funktion, das von der Göttin Maat verkörperte Gesetz aufrechtzuerhalten. Wenn ein Pharao starb, ging er zu Osiris in die Unterwelt. Sein Nachfolger wurde ein neuer Horus-Sohn und Nachkomme von Isis und Osiris. Der Mythos enthielt die Dualität: der sterbende Pharao wurde zu Osiris, während der frisch gekrönte Nachfolger zu Osiris' Sohn Horus wurde, um später seinerseits Osiris zu werden. Dies war ein Fruchtbarkeitsmythos, der Geburt, Tod und Wiedergeburt der Vegetation beschrieb.

Symbolisch gesehen ist Osiris die Fruchtbarkeit bringende Überschwemmung des Nils, die Erde ist der Körper der Isis, Horus ist die befeuchtende Atmosphäre. Der Gott Seth hat eine komplexe Symbolik: er ist der Feind von Osiris, Isis und Horus, das trennende Prinzip der Zeit, der Verstand, und auch der Zerstörer. In vielen Mythen steht dem zeugenden Paar das Todesprinzip gegenüber: wenn sich die Seele inkarniert, ist der Tod der einzige mögliche Ausgang des Prozesses; der Tod führt dann zur Wiedergeburt.

Noch verwirrender ist der direkte Zusammenhang des Mythos mit der ägyptischen Astronomie. Osiris wurde mit dem Sternbild Orion assoziiert, während Isis dem Fixstern Sirius zugeordnet wurde, dem Hundsstern im Sternbild Canis Major. Aufgrund seiner Stellung hat die Umlaufbahn des Sirius um die Erde die nützliche

Eigenschaft, genau dem julianischen Jahr von 365.25 Tagen zu entsprechen. Dies bedeutete, dass sein erstes heliakales Aufgehen (zusammen mit der Sonne) im mittsommerlichen Zeichen Krebs für die alten Ägypter eine Möglichkeit war, ihr Sonnenjahr präzise zu messen und in Verbindung mit dem verbreiteteren, aber weniger genauen Mondjahr einen Ackerbaukalender zu schaffen. Sirius (Sothis bei den Ägyptern) ist der einzige Fixstern mit dieser Eigenschaft, und die Ägypter hielten ihn deshalb für das Zentrum unseres Sonnensystems auf einer höheren Ebene, sozusagen «die Sonne unserer Sonne». Erst kürzlich hat man entdeckt, dass Sirius der Stern sein könnte, um den unsere Sonne kreist. Trifft dies zu, ist er astronomisch gesehen als nächster Stern einer höheren Dimension unserer Galaxie wirklich die Sonne unserer Sonne.

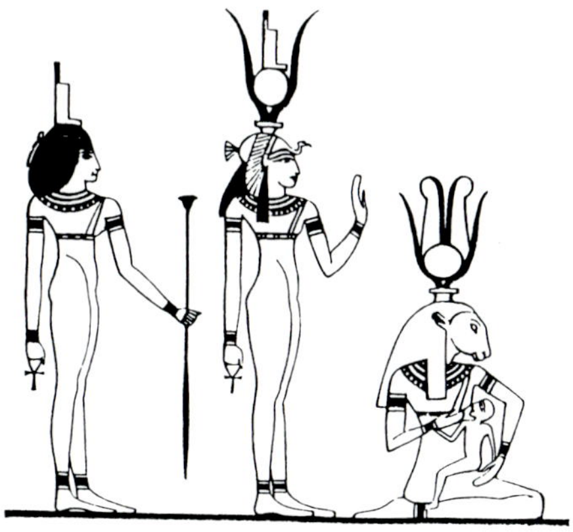

OBEN *Der Papyrus von Ani zeigt eine Szene aus dem ägyptischen Totenbuch, wo der verstorbene Pharao von Horus dem Osiris, der Isis und der Nephthys vorgeführt wird.*

LINKS *Die Löwengöttin Tefnut stillt Horus, beobachtet und beschützt von Isis und Nephthys. Dies ist ein Symbol der wachsenden Sonne kurz vor der Sommersonnenwende, die in ägyptischen Zeiten dem Zeichen Löwe entsprach.*

Die Bewegungen des Sirius waren seit frühester Zeit heilig. Er spielte in den Fruchtbarkeitsmysterien von Isis und Osiris eine wichtige Rolle, wie folgende Passage aus dem Pyramidentext zeigt:

Isis kommt zu Dir, o Osiris,
freudig in Deiner Liebe,
Dein Same wächst in ihr,
hell wie Sirius.
Der helle Horus entsteht
aus Dir in seinem Namen
Horus-der-da-ist-in-Sirius.[33]

Horus war auch der Sonnengott, sein Aufgehen in Konjunktion mit Isis (Sirius) bedeutete die Einheit, aus der die Verschiedenheit des fruchtbaren Jahres entstand – eine zentrale ägyptischen Vorstellung.

• • •

DIE ÄGYPTISCHE SCHLANGENGÖTTIN

• • •

Die Symbolik der Schlangengöttin stellt in Ägypten wie in Hinduismus und Buddhismus die Matrix des schöpferischen männlichen Prinzips dar. Die Schlangengöttin Mehen umhüllt den widderköpfigen phallischen Gott Auf-Ra während seiner nächtlichen Reise durch die Unterwelt, ein mythisches Bild für die Vereinigung von Pharao und Göttin. Die Göttinnen Isis und Nephthys waren Schlangengottheiten, weil sie Seelen durch die Gefahren der Unterwelt begleiteten, und gleichzeitig Schlange des Himmels waren. Die Schlan-

UNTEN *«Vereinigung der Himmelsgöttin Nut mit dem Erdgott Geb» (Papyrus von Tameniu, XXI. Dynastie, 1040–959 v. Chr.). Die Himmelsgöttin Nut beugt sich über den erigierten Gott Geb und empfängt die erste Quadrinität der ägyptischen Götter: Osiris, Isis, Seth und Nephthys. Sexualität wurde als Vereinigung von Himmel und Erde betrachtet.*

ge hatte eine kosmische und stellare Bedeutung in der oberen Welt wie auch in der Unterwelt. Die Symbole der Göttin überbrücken die Kluft zwischen den zwei Welten und unterstreichen ihre Macht.

Die ägyptischen Göttinnen und Gemahlinnen der Pharaonen wurden oft mit Kobrakronen dargestellt, ihren hieroglyphischen Namen ging das Kobrasymbol voraus und wurde zum Zeichen für «Göttin».[34] Der Pharao wurde identifiziert mit dem Gott Ra, der den Drachen Apophis besiegte. Thoth, der Gott der Schriftkunst, wurde als Zeichen seiner magischen Weisheit auch als Schlange dargestellt. Mit diesen Assoziationen übernahm die patriarchale Theokratie in Ägypten Spuren der früheren Göttinnenkulte.

• • •

INTEGRATION KOSMISCHER UND MYTHISCHER REALITÄTEN

• • •

Der unorthodoxe, aber brillante französische Ägyptologe Schwaller de Lubicz[35] glaubte, dass der tiefste Zweck der ägyptischen Religion die Integration der beiden Hirnhälften war, und dass die Mythologie universelle Grundmuster aus der Natur enthielt.[36] Er sah, dass die Funktion der Hieroglyphen und der Architektur über mentale Prozesse oder metaphorische Denkweisen hinausgehen musste, damit die tiefgründigen spirituellen Gedanken in sinnlich fassbarer Form übermittelt und so erfahren statt nur verstanden werden konnten. Darauf führte er die Kraft der ägyptischen Magie zurück.

Schwaller de Lubiczs Interpretation des Osiris-Mythos besagt, dass Seth der Wächter des Feuersees ist, des mythischen Ortes der Kämpfe zwischen Horus und Seth, und auch das Prinzip des Spermas, das Geist in Materie einschliesst.[37] Dies beruht

LINKS *«Die ägyptische Göttin Isis hält den Gott Horus» (späte Periode, ca. 664–537 v. Chr.). Die Göttin Isis stillt den jungen Sonnengott Horus, ein Zeichen dafür, dass die Energie der Göttin die Sonne gebiert und zur Nährung des männlichen Prinzips notwendig ist.*

RECHTS *Der Pharao wurde mystisch mit dem Gott identifiziert, der die Schlange Apophis getötet hatte, die äusserlich ein Symbol des Bösen ist, esoterisch gesehen aber ein Symbol der Zeugung und der Domäne des Weiblichen.*

GANZ RECHTS *«Ägyptisches Mädchen mit Schlange» von Frances Bramley Warren (1889)*

auf der Tatsache, dass unsere Inkarnation mit der Befruchtung beginnt und wir bis zum Tod den Gesetzen der physischen Welt unterworfen sind. In den ägyptischen Mysterien sind kosmische Prinzipien namens *neters* Grundideen und Formenkonzepte. Jedes ägyptische Mysterienzentrum drückte einen Aspekt dieses Wissens aus. Der kreative Akt von Atums Erscheinen wurde in Heliopolis enthüllt, das Werk des Ptah in Memphis, die Genesis in Theben, die Umweltbedingungen in Hermopolis.[38] Jedes Zentrum war in sich ein Ganzes, doch nur zusammen waren sie vollständig.

Die ägyptischen Mysterien sind praktisch ausschliesslich männlich. Im Leyden-Papyrus heisst es zum Beispiel: «Es gibt drei Götter: Amon, Ra und Ptah, die nicht ihresgleichen haben.»[39] Sie existierten vor der Existenz, vor dem Himmel, vor der Erde, vor Horus und Seth. Jeder Pharao ist daher in dieser Genesis der Welt Atum gleichgestellt, und wird sonst als Sohn des Atum gesehen. Die Mysterien von Heliopolis erklären dies so: Atum entsteht aus den Urwassern (Nun),[40] noch vor Himmel und Erde. Nun ist daher ein anderer Name für die flüssige, weibliche Urmatrix und erinnert daran, dass Leben im Fruchtwasser des Schosses seinen Ursprung hat und dass Substanz als Feuer (symbolisiert durch Atum) entsteht, das sich zu Erde verdichtet. Atum ist der Anstoss zum Leben wie auch die Verneinung von Sein und Ursprung, eine Funktion, die in anderen Kulturen der Göttin vorbehalten ist. Die entstandene Erde enthält göttliches Licht als Möglichkeit zur Inkarnation.

In den Pyramidentexten wird festgehalten, dass *vor* der Existenz aller Dinge «die Mutter des Pepi, die in der entrückten Welt des Himmels ist, ihn formte, als dieser Pepi durch seinen Vater Atum in die Welt gesetzt wurde ... bevor der Tod existierte.»[41] Dies setzt voraus, dass Pepi aus einer weiblichen Formenschöpfung entsteht, aber von seinem Vater gezeugt wurde und entspricht anderen Mythologien, wo das Weibliche Formen gibt und das Männliche den Anstoss zur Empfängnis.

Weiterhin wurde entdeckt, dass Atum durch Autogenese entstand, erschaffen aus den Samen seiner eigenen Lenden, das heisst durch Masturbation: «Er ergriff seinen Phallus, damit er sich selbst Freude verschaffen konnte, und brachte die Zwillinge Shu und Tefnut hervor.» Der hervorgebrachte Samen ist ein Modell oder eine Vorstellung dessen, was er erschafft –

F. Bramley Warren

RECHTS *«Amon wird in seinem Abendboot durch das Reich der Nacht gezogen» (VIII. Dynastie, Theben). Der Sonnengott trägt die Hörner des Khnun, während er den Horizont überschreitet und in seiner Barke jede Nacht durch die Unterwelt reist. Sein Abschied und seine Ankunft am nächsten Morgen wurden von den Ägyptern verehrt und als gute Zeiten für Sexualität betrachtet.*

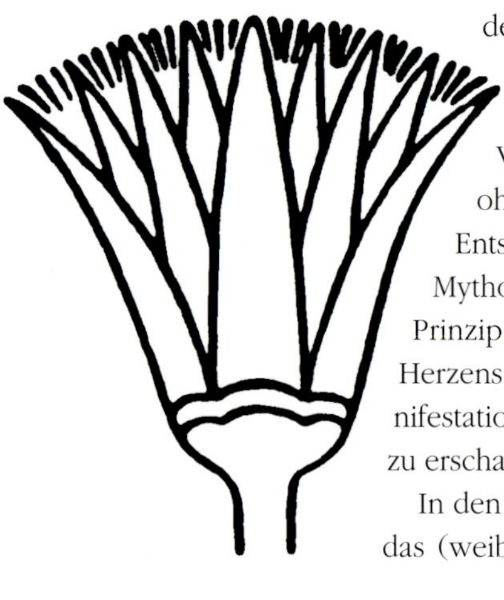

UNTEN *Der Lotus symbolisiert die Entfaltung des geistigen Prinzips aus der Dunkelheit der Wasser sowohl in der ägyptischen als auch in der indisch/tibetischen Symbolik und ist auch ein Bild der Sublimierung des Weiblichen in den Schöpfungsmythen.*

letztlich sind die Samen der Schöpfung *Wille* und *Gedanke*. Die geheimnisvolle Grenze zwischen dem Unsichtbaren und dem Sichtbaren ist ein Riss und zeigt, dass zur Erschaffung des Universums Feuer und Wasser nötig sind – eines kann ohne das andere nicht existieren. Entsprechend dem hinduistischen Mythos projiziert sich das männliche Prinzip Atum durch das Feuer seines Herzens in die wässerige weibliche Manifestation ihrer selbst, Nun, um die Welt zu erschaffen.[42]

In den Mysterien von Hermopolis trägt das (weibliche) Urgewässer, das mit der Schöpfung erschien, bereits den (männlichen) Hügel des Atum, der seinerseits das Wasser belebt und dazu bringt, die Sonne zu erzeugen. Aus dem lebenden Wasser entsteigen die Schlangen *neters,* in Gruppen von vier weiblichen und vier männlichen Prinzipien mit Namen wie Nacht, Dunkelheit, Geheimnis und Ewigkeit. Schlange und Frosch tauchen aus dem Wasser auf und formen ein Ei, aus dem eine Gans schlüpft. Die Gans fliegt auf und wird zur Sonne. Die Mythologie der ithyphallischen (erigierten) Schlange, die die Welt erschafft, erscheint erneut, diesmal hinter dem traditionellen ägyptischen Schöpfungsmythos.

LINKS *Formen des Sonnengottes Atum entstanden durch Autogenese (Masturbation). Beide halten den Uas, der allgemein «Schlüssel des Nils» genannt wird und den kreativen Akt symbolisiert, der teilt und aus dem ursprünglichen Einen die Gegensätze schafft.*

UNTEN *«Osiris zwischen Hathor (links) und Isis (rechts)» (Pyramide des Menhaure, altes Königreich, Giseh). Hathor symbolisiert die weibliche Sexualität, Trunkenheit und fleischliche Liebe als Teil der Isis. Er wird oft in ihrem dreifachen Aspekt gezeigt; sie ist auch Mutter, Gefährtin und Tochter des Sonnengottes Ra.*

• • •

DIE WIEDERHOLTE SCHÖPFUNG

• • •

Für die Ägypter stand über der wirklichen Welt die göttliche Welt. Die Menschen hatten ihren Ursprung im Göttlichen und organisierten sich nach diesem Muster; daher spiegelt die Welt der Gottheiten die Struktur der menschlichen Welt. Beide Welten entstanden gleichzeitig und befinden sich in ewigem Austausch. Die Schöpfergottheiten sind Paare von Göttern und Göttinnen, was bedeutet, dass der Schöpfergott beide Qualitäten haben muss, die sich erst in den ersten Geschöpfen trennten. In einer bizarren Verdrehung bekam der weibliche Aspekt des Schöpfers den Namen «Hand Gottes» – das Instrument der Masturbation bei der Schöpfung.[43] Es ist für die ägyptische Zivilisation charakteristisch, dass der Schöpfer trotz weiblicher und männlicher Eigenschaften immer männlich ist.

Die Schöpfung wiederholt sich jeden Tag, wenn die untergehende Sonne die Himmelsgöttin Nut befruchtet und am nächsten Morgen wieder aus ihr geboren wird. Sie ist daher sowohl seine Gefährtin als auch seine Mutter, er ihr Mann und ihr Sohn, ein Motiv, das in der Beziehung des Pharaos zu seiner Frau als Mann und Sohn bzw. Gefährtin und Mutter wiederholt wurde. Diese Vermischung der Generationen war für die ägyptische Religion typisch.

RECHTS *»Die Sonnengottheit Horus mit der Sonnenscheibe« (Ägypten, ca. 590 v. Chr.). Der Gott Horus stand in Verbindung mit der wiedergeborenen Sonne, die den Himmel in ihrer Barke überquerte und allem Unten auf der Erde Leben brachte. Die Augen des Horus symbolisierten die geistigen Fähigkeiten und die höheren Qualitäten der Sexualität.*

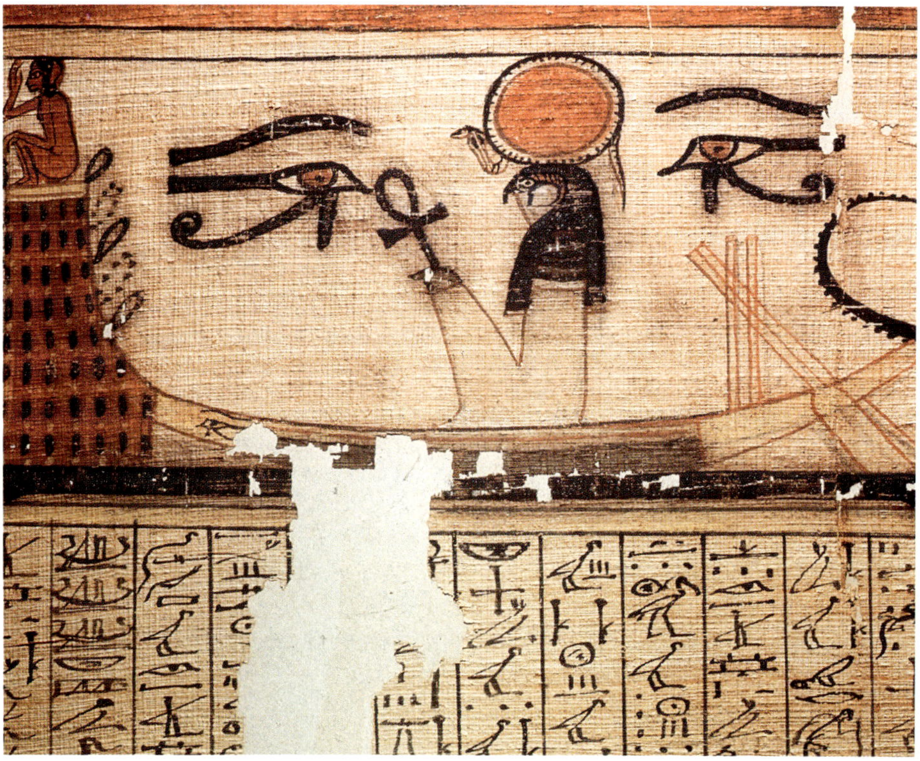

Die vielen Göttinnen hatten so viele sich überschneidende Eigenschaften, dass sie alle als Aspekte derselben Grossen Göttin galten. Isis war Mutter und Frau des Osiris, Hathor die Manifestation der weiblichen Sexualität, Trunkenheit und körperlichen Liebe. Hathors Symbol war der Mond, ihre Zeichen waren die Mondsichel, assoziiert mit Neumond und den Hörnern einer Kuh, und die Sonnenscheibe, die ihre Verbindung mit Ra zeigte. Hathor hatte auch eine dunkle Seite als Auge des Ra, wo sie eine zerstörende Gottheit war und dem Prozess der Wiedergeburt entsprach. In dieser Form trug sie oft eine Geier-Kopfbedeckung und die Königskobra, was sie als den göttlichen Aspekt der Königinnen identifizierte. Hathors doppelte Natur, dargestellt durch Mondhörner und Sonnenscheibe, ist seit jeher für die Göttinnenkulte charakteristisch.

Die Uräusschlange, die Göttinnen und Pharaonen als Kopfbedeckung trugen, war ein Symbol der Macht. Die Kobra, die auch von den Hindus wegen ihrer Macht und ihrem tödlichen Biss verehrt wurde, symbolisierte die Dualität des Lebens – die aktiven und passiven kosmischen Prinzipien, die Bewegung der Präzession durch den Tierkreis und die beiden Hirnhälften.[44] Der doppelte Aspekt wird entweder durch zwei Uräen dargestellt oder einen Uräus und einen Geierkopf, einem Weiblichkeitssymbol. Dies entspricht der Symbolik der *Kundalini*-Schlange des Hinduismus, wo diese Energie durch yogische Kontrolle auf transzendente Weise genutzt oder in der Befriedigung niedriger Lüste vergeudet werden kann. Das Symbol der Uräusschlange als Krone zeigt das höhere Ideal der Transzendenz, das in die fähigen Hände von König oder Pharao gelegt wurde.

LINKS *«Feier der Musikantinnen und Tänzerinnen» (ägyptisches Grab des Nebamun, 1400 v. Chr.) Magierinnen und Tänzerinnen in erotischen Positionen zeigen die Verehrung der Ägypter für die Sexualität und deren Anteil an der Kreativität.*

• • •

GESCHWISTEREHE

• • •

Das Paradoxe an der Erbfolge der Pharaonen liegt darin, dass die Linien matriarchal waren. Jeder Pharao, auch wenn er Sohn eines Pharaos war, musste seinen Anspruch auf den Thron legitimieren, indem er eine Thronerbin heiratete, was bedeutete, dass er seine Schwester oder Halbschwester heiraten musste, denn Pharaonen hatten oft mehr als eine Frau. Da das Studium der weiblichen Linien in den Dynastien keinen Beweis erbringt, dass die matriarchale Erbfolge praktiziert wurde, nimmt man an, dass die Frau des Pharaonen einfach den Titel «Königstochter» benutzte, ob sie nun von königlicher Abstammung war oder nicht.

Da die Götter nur Göttinnen heirateten, die ihre Schwestern waren, konnte der Pharao theoretisch, da er eigentlich ein Gott war, nur seine Schwester heiraten, obwohl diese Praxis den Königen vorbehalten war. Es war bekannt, dass viele Pharaonen ihre Schwestern oder Halbschwestern heirateten, was sie hervorhob und ihre königliche Macht und Wichtigkeit unterstrich.[45] Es gab auch Vater-Tochter-Ehen, wie diejenige von Amenhotep III., dessen Tochter «Frau des Königs» genannt wurde, tatsächlich aber Tochter seiner Hauptfrau Tiy war.

Die Triade Mutter, Frau und Tochter erinnert an die dreifachen Eigenschaften der Hathor und ihre Beziehung zum Sonnengott Ra. Dies unterstützt den Mythos der

LINKS *«Ägyptische Priesterinnen der sechs Stunden der Nacht» (Grab des Ramses I., Theben). Die houri-Priesterinnen (hour=Stunde) herrschten über jede Stunde der Nacht und tanzten während ihrer Dauer, wodurch sie die Sonnenbarke während ihrer Reise unter dem Horizont durch die Unterwelt beschützten.*

OBEN *Der Geier war in Ägypten ein Symbol der Gottheit, die den Tod transzendierte, und als Symbol zierte er die Kopfbedeckungen von Göttinnen und königlichen Frauen.*

GANZ RECHTS *«Der ägyptische erotische Papyrus von Turin» (Pharaonisch, XIX. Dynastie, ca. 1295–1186 v. Chr., ägyptisches Museum, Turin). Dieser berühmte Papyrus zeigt auf einmalige Weise die Prostituierten und ihre Kunden in verschiedenen sexuellen Stellungen. Ein berühmtes Detail ist die Prostituierte, die sich die Lippen mit einem langen Pinsel bemalt und sich dabei in einem Handspiegel betrachtet.*

Geburt des göttlichen Königs, der gezeugt wurde, als Amun-Ra die Mutter des Königs schwängerte. Da er auf diese Verbindung keinen Anspruch erheben konnte, solange er nicht auf dem Thron sass, war es natürlich, dass jeder folgende Pharao vom Sonnengott gezeugt war. Paradoxerweise waren Mütter in der Erbfolge oft wichtiger als ihre Söhne: um einen zukünftigen Pharao gebären zu können, mussten sie eine Beziehung mit dem Gott gehabt haben, aber sie konnten selbst nie Pharaoninnen werden.

• • •

DER TURINER PAPYRUS DES SEXUELLEN MYSTERIENZYKLUS

• • •

Der sogenannte pornographische Turiner Papyrus (Torino 55001) von Deir el-Medina, heute im ägyptischen Museum in Turin, Italien, zeigt eine Szene von Männern und Frauen in verschiedenen Situationen vor der geschlechtlichen Vereinigung. Die Frauen scheinen heranwachsende Mädchen zu sein, nackt bis auf ihre Hüfttücher und ihren Schmuck, und mit kunstvollen Frisuren. Die Männer tragen Wickelröcke, aus denen riesige Glieder grotesk hervorragen. Aufgrund eines Sistrums und eines Spiegels, die der Göttin Hathor zugeordnet werden, und eines Lotus als Symbol für Wiedergeburt, wurde die Szene für eine Darstellung der Fruchtbarkeit gehalten, doch die orthodoxen Quellen lehnen es ab, über den möglichen Verwendungszweck zu spekulieren. In *Women in Ancient Egypt*[46] hat Robins diese Szene in das letzte Kapitel ihres Buches verbannt, wo sie beinahe als Nachtrag erscheint.

Eines der Manuskripte im Turiner Papyrus zeigt eine Reihe von Figuren, die das ausüben, was später «sexueller Mysterienzyklus» genannt wurde. Jedes Tierkreiszeichen wird in einer charakteristischen sexuellen Stellung gezeigt. Obwohl die Zuordnung höchst zweifelhaft erscheint, ist sie dennoch instruktiv und amüsant. Alle diese Illustrationen stellen klar, dass die Ägypter eine profane und spielerische Sicht der Sexualität pflegten, sie aber auch als heilige Darstellung ihrer Mysterienreligion betrachteten.

In den ägyptischen Tempeln bestand eine ähnliche Praxis wie im Turiner Papyrus, wo Frauen tanzende Dirnen sind, genannt *houri* (vom Griechischen *hora*, Stunde), da jede Frau während einer bestimmten Stunde der Nacht herrschte und tanzte. Ihr wichtigste religiöse Funktion war es, die Sonnenbarke des Sonnengottes Ra auf ihrer Reise durch die Unterwelt zu beschützen. Sie massen die Zeit der Nacht, wie es später christliche Mönche mit ihren Gebeten taten.[47] Eine mögliche Ableitung des Wortes «Hure» ist aus der göttlichen «houri». In späten persisch-arabischen Kulturen wurden diese Frauen ebenfalls houri genannt und führten planetare Stundentänze auf, um Seelen zu den Sternen zu geleiten.

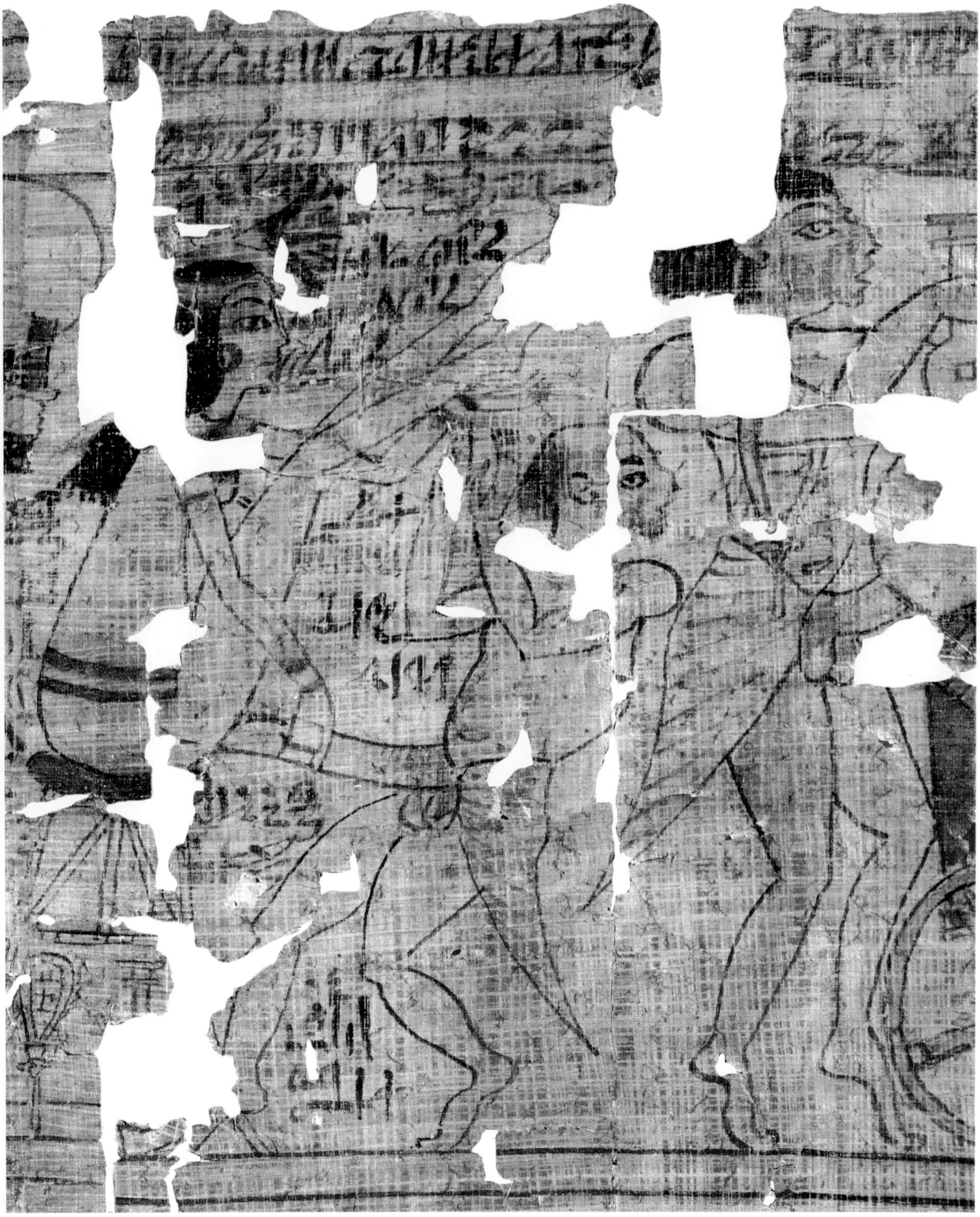

KAPITEL 6

Götter und Göttinnen der Kundalini

GANZ RECHTS *«Liebende in einem prachtvollen Mughal-Palast»*, spätes *18. Jh.*

> AM ANFANG GAB ES NICHTS AUSSER DEM SELBST, IN DER FORM EINES MENSCHEN. ABER DAS SELBST FÜHLTE SICH NICHT GLÜCKLICH IN DER LEERE UND WÜNSCHTE SICH EIN ZWEITES. DA TEILTE SICH DAS SELBST IN ZWEI UND DARAUS ENTSTANDEN MANN UND FRAU. «WIR ZWEI SIND DAHER, JEDES VON UNS, WIE DIE HÄLFTE EINER MUSCHEL.» ER UMARMTE SIE, UND DIE MENSCHHEIT WAR GEBOREN.
>
> *Upanishaden*[48]

Die Glaubensgrundlagen des Hinduismus sind transzendenter Natur. Die Manifestation der Gottheiten ist eine Grunderfahrung, die alles im Leben durchdringt. Den indischen Mythologien zufolge steigt der Schöpfer und Erhalter der Welt, Gott Vishnu, von Zeit zu Zeit auf die Erde hinunter (inkarniert sich) und segnet einen sterblichen Schoss mit seiner Anwesenheit. Jedes Mal, wenn er auf die Erde kommt, scharen sich die Kräfte des Bösen gegen ihn. Das Zusammenspiel der Gegensätze gibt es immer und gehört zur Welt. Das ewige Drama zwischen entgegengesetzten Kräften *ist* die Welt.

Vishnus Gefährtin ist die Göttin Padmã (auch Lotus oder Lakshmi genannt). Sie werden oft auf der kosmischen Schlange Ananta liegend dargestellt, die auf den Wassern schwimmt und ihre neun Köpfe über ihnen ausbreitet. Lakshmi und Ananta sind auch Aspekte des Vishnu.

Der Name Ananta bedeutet «Überrest» oder «endlos» und besagt, dass die Schlange nach der Erschaffung der Erde aus dem Kosmos übrigblieb.[49] Die Schlange steht auch für Überbleibsel früherer Kulte der Mutter Erde in Indien wie auch die latente sexuelle Energie im Wesen des Schöpfergottes. Manchmal wird die Schlange auf Vishnus Rücken dargestellt. Dies betont die Vorstellung, es handle sich dabei um den Kanal, über den die sexuelle Schlangenenergie aufsteigt. Die Symbolik der Schlange auf den kosmischen Wassern als sexuelle, lebensspendende Energie findet sich sowohl im Hinduismus wie im Buddhismus.

• • •

DAS UNIVERSUM TRÄUMEN

• • •

Als Vishnu schlief, träumte er das Universum. Aus seinem Nabel wuchs ein Lotus, schön wie seine Frau, deren Namen er trägt, und die das Tor oder der Schoss des Universums ist, der Weg, durch den alles Seiende gehen muss.

Der Schlüssel zum Spiel der Gegensätze ist das Geheimnis der *mãyã*, oft betrachtet als das grosse Wasser oder das Netz des Seins, das alle lebensspendenden und lebensentziehenden Prozesse enthält. Das Spiel zwischen schaffenden und auflösenden Energien spiegelt das Paradox des Traums Vishnus, der die Welt ist, und dem Schrecken vor der unendlichen Leere des Nichts.

Dualität zeigt sich auch in der Beziehung zwischen *purusha*, dem männlichen Urprinzip, und *prakriti*, der essentiellen weiblichen Natur des Werdens. Purusha ist reines Licht, während Prakriti von ihm befruchtet wird und die Manifestationen gebiert. In der Samkhaya-Sekte ist Shiva Purusha, und Shakti, was sowohl «Frau» als auch «Macht» heisst, ist Prakriti. Das initiative, männliche Prinzip ist unfähig, sich al-

RECHTS *«Shiva und Parvati» (Jain-Tempel-Skulptur, Khajuraho). Shiva ist das kreative Prinzip und Shakti ermöglicht seine physische Manifestation im Universum.*

lein zu manifestieren – erst durch das weibliche Prinzip entsteht Schöpfung.[50] Dies wird so dargestellt, dass Shakti sich bewegt, währenddem Shiva unbeweglich bleibt. In solchen Fällen sieht man Shakti mit einem Strahlen- oder Flammenschein um ihren Kopf, während Shiva reines Licht ist. Dies hat offensichtliche sexuelle Bezüge zu der Verteilung der Energien in der mystischen Sexualität. Aktivität oder Passivität der Partner bestimmen ihre Rolle und den Ort, auf den sich ihre Energien richten.

Der Unterschied zwischen Aktivität und Manifestation geht über weiblich/männliche Sexualität hinaus. Der sexuelle Akt verlangt immer Aktivität und Passivität. Shiva ist unveränderlich und geistig, während Shakti sich verändert, natürlich und dynamisch ist, und daher Dingen und Wesen entspricht, die in der Welt existieren. Shakti ist das aktive Kraftprinzip der männlichen Gottheit, verkörpert in seiner Frau, obwohl sie auch die weibliche spirituelle Kraft darstellt, die sich selbst manifestiert. Dies mag einer der Gründe dafür sein, dass das männliche Prinzip oft jenseits der Welt, in einer idealen Wirklichkeit angenommen wird, während das weibliche Prinzip die Welt verkörpert und Realität *ist*.

Genau wie der Nāga-Schlangengott zum hinduistischen Schöpfergott Vishnu gehört, ist er auch überall anwesend, wo Buddha ist. Als Buddha mit gekreuzten Beinen unter dem Bodhi-Baum sass, wurde er über die Natur der Verbindungen aller Lebenden und Leidenden erleuchtet. Nach seiner ersten Meditation, die sieben Tage dauerte, ging er weiter und setzte sich unter einen Banyan-Baum, um weitere sieben Tage zu meditieren. Schliesslich sass er in einem Zustand der Verzückung unter dem Baum des Schlangenkönigs.[51] Als der wilde Donner drohte, erhob sich die Schlange Muchalinda aus ihrem Loch unter dem Baum, wickelte sich siebenmal um Buddha und bildete mit ihrem ausgebreiteten Kopf einen Schirm über ihm. Nach sieben Tagen war der Sturm vorüber und die Schlange verwandelte sich in einen wunderschönen Jüngling.

Diese Legende zeigt die in der Schlange verkörperte Dualität, die das Karma von Sexualität, Geburt, Tod und Wiedergeburt darstellt, und auch den Weg zu transzendenten Gegenden zeigt. Die Schlange zeigt den Weg der spiralförmigen sexuellen Energie, die einen Schirm der Transzendenz bildet, und doch gleichzeitig die Symbolik früherer Schöpferfunktionen der Grossen Göttin enthält, vereinigt in einer höheren Ekstase, die zur Integration führt. Aus dieser Symbolik entstand die Magie des buddhistischen Tantras.

Tantrismus ist ein spirituelles System, eine Philosophie, eine Kunst- und eine Lebensform, die zu Hinduismus und Buddhismus gehört. Er geht von der Existenz innerer und äusserer Wirklichkeiten aus und sieht die Sexualität als wichtigsten Weg zur Integration.

Mãyã wird in den tantrischen Lehren identifiziert mit den magischen Eigenschaften des weiblichen Prinzips der Shakti. Die Welt ist magisch, da sie von Göttern geschaffen wurde, und demzufolge irreal und illusorisch. Dies ist typisch für die Art, das weibliche Prinzip als äussere Wirklichkeit zu sehen, und gleichzeitig als Prinzip hinter der Wirklichkeit. Es existiert offensichtlich, ist aber in seiner Präsenz mysteriös.

Entsprechend werden Frauen geliebt, aber gewisse Männer misstrauen ihnen auch, weil sie das Verborgene und Magische symbolisieren – sie tragen die Last alles dessen, was nicht bestimmt, berührbar oder real ist, und doch sind sie verantwortlich für die Realität.

• • •

UNSERE HERRIN DES UNIVERSUMS

• • •

Die hinduistische Vorstellung der Welt ist in den Puranas dargestellt (eine Sammlung der berühmtesten Mythen von den Taten der Göttin). Das erschaffene Universum wurde in drei Welten *(triloka)* geteilt – Erde, Atmosphäre und Firmament – als Indra, König der Götter, den Schlangendrachen Vritra erschlug, um seine Schlingen aus den kosmischen Wassern zu lösen. Dies war das erste Opfer, aber auch die Erschaffung der Welt, und die «Erbsünde» des indischen Gottes.[52] Die höchste Göttin, Devi, oft als wilder Tiger oder Löwe dargestellt, personifiziert die gesamte Energie der Schöpfung, und wird die Göttin der drei Welten genannt. Die indische Mythologie zeigt sie sowohl als wohltätige Schöpferin als auch als gnadenlose Menschenfresserin, die den Gott-

OBEN *Die höchste Göttin Maya Devi verkörpert die gesamte Energie der Schöpfung.*

LINKS *«Vishnu schläft auf der Schlange Ananta» (hinduistisch, 17. Jh. Rajastan). Der hinduistische Schöpfergott Vishnu ruht zwischen der Zerstörung der Welt und der Erschaffung eines neuen Universums. Er schläft auf der Schlange Ananta, die die Ewigkeit darstellt, und mit Lakshmi, seiner Frau. Oben links reitet Vishnu auf Garuda.*

RECHTS *«Parvati» (hinduistisch, Bronzestatue, 13./14. Jh.). Parvati ist die Gefährtin Shivas und symbolisiert Spiritualität und die Macht des entstehenden Lebens.*

Helden Indra für seine Übeltaten verfolgt.

Die Schöpfung der Göttin ist ein Bild für die Entstehung der Welt. Zu einer Zeit in der tiefen Vergangenheit wurden die Götter von einem Dämonen angefallen, der damit drohte, allmächtig zu werden. Keiner der Götter war allein dieser Gefahr gewachsen, also machten sie ihrer aller Wut zu Feuer, das aus den Mündern von Vishnu und Shiva kam, in denen die anderen Götter Zuflucht gesucht hatten. Ihre Energien wurden nach aussen geschleudert als Flammenströme, die sich dann verdichteten und zur achtzehnarmigen Gestalt der Göttin wurden. Die Götter waren so voller Ehrfurcht vor dieser Manifestation ihrer Energien, dass sie sie als ihre weibliche Urkraft verehrten. Nur so konnten ihre getrennten und begrenzten Energien integriert werden.

Als Ergebnis ihrer Unterwerfung hatten die Götter ihre Energien der perfekten Shakti zurückgegeben, die Quelle, aus der sie alle einmal entstanden waren.[53] Diese Erneuerung entstand bei ihrer Rückkehr zum ursprünglichen Zustand des Universums.

Als das Universum durch die Zerstückelung des Drachens entstand, wurde die Lebensenergie unter die vielen individuellen Manifestationen verteilt, ging aber verloren, als sie von ihrer Quelle getrennt wurden. «Ihrer aller Mutter, die Lebensenergie selbst als das uranfängliche mütterliche Prinzip, hatte sie in sich zurückgenommen und in den Allschoss wieder eingeschlungen. Nun stand sie bereit, aus der Fülle ihres Wesens zu handeln.»[54]

Diese Geschichte symbolisiert die Projizierung unserer (sexuellen) Energie nach aussen. Die Vitalität unseres Körpers strömt aus und nimmt eine verwirrende Fülle wilder Formen an, je nach unseren Gefühlen wohltuend bis vernichtend.

LINKS *Sarasvati ist die Göttin der kreativen Energie und steht in Verbindung mit der Musik, dem Tanz, der intuitiven Weisheit und dem zentralen Energiekanal der Wirbelsäule, dem Sushumnä.*

Unser persönliches Universum besteht aus solchen Formen, die in einem ständigen Kampf um Kontrolle über die Seele der Welt liegen, die wir geschaffen haben und in mancher Hinsicht auch selbst sind. Unsere Energien verwandeln sich in andere Energien, und wir können leicht in ihre Transformationen und ihre illusorischen Existenzen *(mäyä)* aufgesogen werden.

Diese Absorption kann dazu führen, dass wir den Kontakt zur Quelle unserer Energie verlieren. Der einzige Weg zu Stille und Friede ist es, diese Manifestationen verstummen und sie zu Shakti zurückkehren zu lassen, in den Lotus, der sich wieder in den Nabel des Vishnu zurückziehen muss. Nur so kann Vishnus Traum entmaterialisiert werden.

RECHTS *«Buddha auf einem Lotus-Thron unter dem Bo-Baum» (Burma, 12./13. Jh.). Der Buddha sitzt auf einem Lotus als Symbol seiner sich entfaltenden Spiritualität unter dem Bo-Baum und umgeben von Szenen seines Lebens.*

UNTEN *Der hinduistische Gott Indra (Nepal, Bronzeguss).*

• • •

AUF DER SUCHE NACH DEM SELBST

• • •

So wie ein Mann in der innigsten Umarmung seines geliebten Weibes von nichts mehr weiss, weder von Äusserem noch Innerem, so geht es diesem Menschen (purusha); in innigster Umarmung des erhaben-wissenden Geistigen Selbst weiss er von nichts mehr, weder von Äusserem noch Innerem. Das ist der Seinszustand, wo er der Sorgen ledig, wo sein Sehnen erfüllt ist, wo sein einziger Wunsch das Selbst ist.[55]

Die östliche Religion und Philosophie konzentrieren sich auf die Entdeckung des Kerns der inneren Welt, des Selbst, in Sanskrit *ātman* genannt, und versucht nicht wie das westliche Denken die äussere Welt zu erforschen und erklären.[56]

Das Selbst ist unveränderlich, jenseits von Zeit und Raum, liegt aber der Bewusstheit und der Wirklichkeit zugrunde. Kenntnis des Selbst ist das Hauptziel der indischen Philosophie. Gnade und tiefer Friede, wie sie Erfahrungen des Selbst bringen, sind ein Gegenpol zu der Veränderlichkeit und der Unfassbarkeit, den destruktiven Eigenschaften des Lebens in der Welt. In diesem Sinne entsprechen indische Gedanken den religiösen und transzendenten Ideen des Westens, stehen jedoch in krassem Gegensatz zu den wissenschaftlichen, äusseren Strukturen des westlichen Denkens, obwohl sich diese Situation nun zu ändern beginnt.

Vor Buddha (zirka 563–483 v. Chr.) und einige Jahrhunderte bevor die Griechen die Grundstrukturen der klassischen westlichen Zivilisation entwickelten, die sich auf Kategorisierung des Wissens stützten, verlagerten indische Philosophen ihre Konzentration mit Hilfe der psychologischen, physischen und metaphysischen Techniken des Yoga von der äusseren auf die innere Welt. Die ersten arischen Hirtennomaden[57], deren heilige Bücher die Veden, Upanishaden und Puranas waren, besiedelten grosse Gebiete von Griechenland bis Indien. Aus vielen verschiedenen Kulturen sammelten sie die religiösen Ritualhymnen, die das Götterpantheon beschrieben. Die Verlagerung, die der Buddhismus mit sich brachte, bestand in der Verinnerlichung der äusseren Kräfte und der Magie der Götter. Die gottähnlichen Symbole übernahmen die Kontrolle über das innere Leben eines Menschen, wie sie zuvor als Schöpfer und Bewacher der äusseren Welt gegolten hatten.

Nach und nach wurde ein Leben voller gottgefälliger Rituale ersetzt durch die Suche nach der absoluten Loslösung von der äusseren Welt der Sinne, und die Entwicklung von Möglichkeiten, die Beziehung zwischen äusseren und inneren Phänomenen zu verstehen. In den Upanishaden wird «Sein» metaphorisch umschrieben als Wagen: das Selbst, *ātman,* ist der Wagenbesitzer; der Leib der Wagen mit intuitivem Unterscheiden und Erkennen als Wagenlenker; die Denkfunktion ist der Zügel; die Sinneskräfte sind die Rosse; und die Objekte der Sinneswahrnehmung sind die Fahrbahn.[58] In einem irrationalen oder unentwickelten Menschen sind die Pferde nicht lenkbar, die Kontrolle ist verloren und die Pferde bestimmen durch Zufall Bewegung und Richtung des Wagens. Ein erleuchteter Mensch andererseits hat seine Gedanken gezähmt und ins Joch gestellt, und die Sinne werden höheren Zielen untergeordnet.

Erleuchtung bedeutet, zu den höheren Gefilden des Schöpfergottes Vishnu zu reisen, wo schliesslich der Zyklus der Wiedergeburten aufhört. Der Kreislauf von Geburt und Tod wird dargestellt durch das «*Samsara*-Rad», das die Stadien des Lebens von der Geburt über Kindheit, Jugend, Reife, Alter bis zum Tod zeigt. Auf dem Rad ist die Sexualität zusammen mit Hunger die Hauptursache des Seins. Alle Wesen sind an dieses Rad gebunden und wiederholen immer wieder dessen Prozesse, sowohl die angenehmen als auch insbesondere die unangenehmen wie Schmerzen und Leiden, Krankheit und Tod. Das Ziel ist, sich durch Entfaltung der Spiritualität von diesen Fesseln zu befreien.

Ich bin weder Mann noch Weib, noch bin ich geschlechtslos ... Ich bin der Friedvoll-Gesegnete, der der alleinige Urgrund vom Werden und Vergehen der Welt ist.[59]

Das Streben nach Freiheit vom Rad der Wiedergeburt wird durch sich liebende Götter und Göttinnen dargestellt. Da das Selbst in allen Menschen verborgen liegt, haben alle Beziehungen das magische Ziel der Integration. Die Upanishaden sagen, dass Ehemänner, Ehefrauen und Kinder nicht um ihrer selbst willen geliebt werden sollten, sondern um des Selbst willen. Das Selbst ist das Sein, Zeuge, Bewohner und Bewacher aller Wesen, und Weise erfassen das Selbst in allen Aspekten des Seins, nicht nur ausserhalb, sondern auch innerhalb ihrer selbst.

Vergnügen soll deshalb nicht im physischen sexuellen Akt gefunden werden, sondern in seiner Manifestation der Reintegration des Selbst. In gewisser Weise ist Sexualität das Sich-finden des Selbst in einem anderen.

OBEN *«Vajravarahi Dakini» (tibetische Bronze, 17. Jh.). Weibliche Dakinis als Partnerinnen von männlichen Heruka-Dämonen sind Personifikationen intensiver Leidenschaften, Göttinnen, die um übermenschliche Kräfte oder Siddhi-Gnaden angerufen werden.*

LINKS *Die Göttin Durga über dem Büffelriesen zeigt die Dominanz des sexuellen Selbst über seine niedrigere Natur (13. Jh., hinduistisch).*

RECHTS *«Liebliche Nymphe führt einen Asketen in Versuchung» (indonesisch/balinesische Holzskulptur, 20. Jh.). Die liebliche Nymphe Supraba wurde auf die Erde gesandt, um die Kraft der Asketen zu testen. Verführung und Fruchtbarkeit werden von der Vegetation dargestellt, die sich um ihren sinnlichen Körper windet.*

GANZ RECHTS *Tantrische Liebe (Indien, 18./19. Jh.). Ein Prinz und seine Dame in tantrischer Vereinigung, die als wesentlicher Initiationsritus verstanden wird, durch den sie höheres geistiges Wissen erlangen können.*

DIE KUNDALINI-SCHLANGENMACHT

In der alten Yoga-Tradition[60] wird die Wirbelsäule von der Kundalinischlange in drei feinstofflichen Kanälen aktiviert. Die spiralförmigen Kanäle, durch die *prãna* (feinstoffliche Lebensenergie) fliesst, heissen *ida* und *pingalã* und umgeben den zentralen Kanal, *sushumnã*. Ihre Bewegung entspricht dem Bild des Caduceus, den sich um einen Stab windenden Schlangen. Kundalini ist gleichzeitig eine spirituelle und eine sexuelle Kraft in jedem Menschen, die am Ende der Wirbelsäule schläft. Wenn sie durch Meditation oder sexuelle Aktivität erweckt wird, steigt sie entlang der Wirbelsäule auf bis zum Kronenchakra. Erreicht sie dieses, erfährt der Yogi oder sexuell Initiierte *samãdhi* oder Glückseligkeit. Wenn Kundalini verstanden und ihre Energie richtig kanalisiert wird, ist sie eine machtvolle Kraft der Spiritualität, wenn sie aber missbraucht oder zufällig aktiviert wird, kann daraus dauernder psychischer oder physischer Schaden entstehen.

Das Wissen über diese Kraft ist sehr alt (sie trug unter anderen auch den Namen «Schlangenkraft»), wurde aber auch von modernen Psychologen untersucht, die meist eigene Namen dafür erfanden. Carl Gustav Jung verglich die Kundalinienergie mit seinem Konzept der «Libido»[61] und Wilhelm Reich[62] nannte sie «Orgonenergie», die durch den Körper vermittelt wird, aber ihre Quelle in der Atmosphäre unseres Planeten hat.

DIE CHAKREN

Der ursprüngliche Glaube, dass die Schlangenenergie (Kundalini oder Prãna) die Wirbelsäule emporsteigt, stammt aus der Chakraphilosophie («Kreis» oder «Rad» in Sanskrit). Die vielen grösseren und kleineren Wirbel feinstofflicher Energie entlang der Wirbelsäule sind durch Kanäle verbunden, die *nadis* heissen. Obwohl jedes Chakra dargestellt wird als rundes, nach aussen ausstrahlendes Muster oder als Lotus mit bestimmter Anzahl Blättern mit Meditationssilben in Sanskrit, mystischen Tönen, Farben und geometrischen Formen, ist dies nur eine Visualisierung ihrer unsichtbaren Kraft. Solche Bilder werden unterstützt durch Hellseher, die die Chakren als Kugeln strahlender Energie sehen, die sich in grosser Geschwindigkeit drehen. Der mittelalterliche Mystiker Jacob Böhme verstand sie als Räder in Rädern, die sich alle um die Wirbelsäule drehen.

Die Chakren erscheinen als Brennpunkte für die Vereinigung von Geist und Materie, die sich als Bewusstheit manifestiert und den Rollen des Männlichen und Weiblichen in vielen Kulturen entspricht.

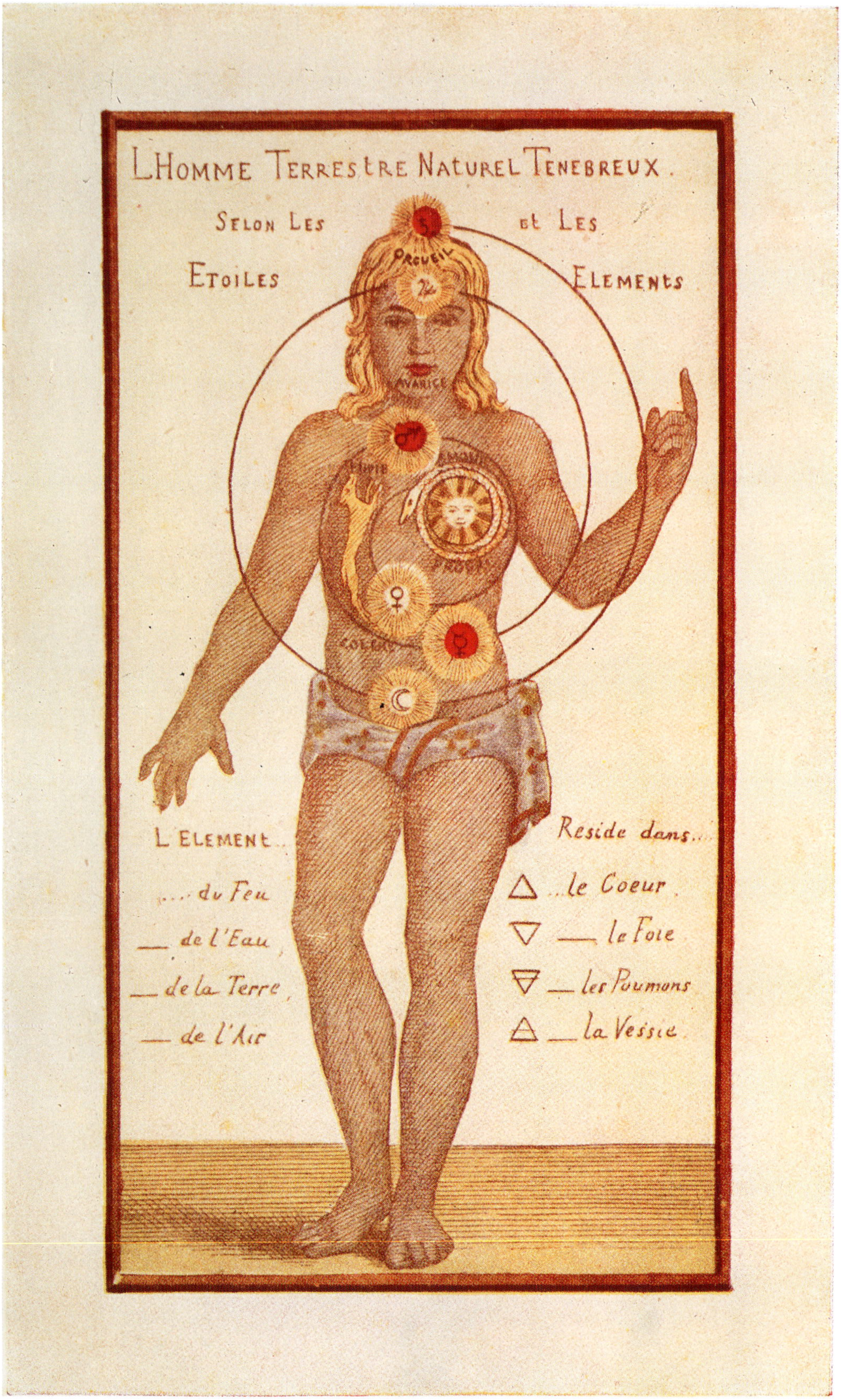
LHOMME TERRESTRE NATUREL TENEBREUX.
SELON LES
ET LES
ETOILES
ELEMENTS
ORGUEIL
AVARICE
L ELEMENT...
Reside dans...
.... du Feu
△ ..le Coeur.
__ de l'Eau
▽ — le Foie
__ de la Terre
▽ __ les Poumons
__ de l'Air
△ __ la Vessie

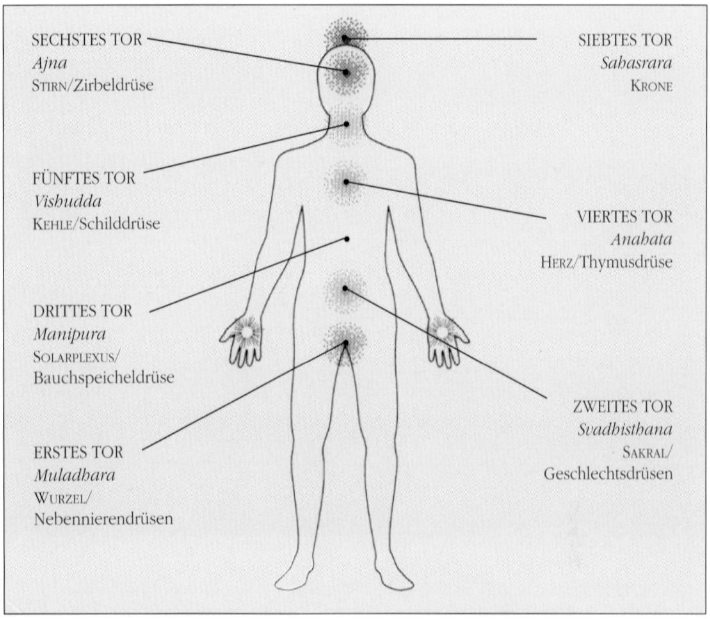

OBEN *Die sieben Chakren sind Tore feinstofflicher Energie, die in aufsteigender Reihenfolge mit den endokrinen Drüsen verbunden sind.*

GANZ LINKS *«Die sieben Chakren» (aus «Theosophica Practica»). Die sieben Chakren gehen vom Wurzelchakra in der Gegend der Geschlechtsorgane aus die Wirbelsäule hinauf bis zum Kronenchakra oben auf dem Kopf. Sie sind Wirbel feinstofflicher Energie, die durch spirituelle und sexuelle Energien und deren Ausgewogenheit im psycho-spirituellen Organismus angeregt werden.*

Jung betrachtete die Chakren als «Tore zur Bewusstheit», die einströmende Energie aus dem Kosmos und dem Geist empfangen. Die Anzahl der Chakren wird in jeder Kultur anders angegeben. Im ursprünglichen hinduistischen Tantrismus scheinen es vier Chakren gewesen zu sein, eine spätere und weiter verbreitete Version sind sieben Chakren. Andere tibetanische Quellen sprechen von sechs Zentren, während in der chinesischen alchemistischen Praxis der Taoisten sogar dreissig vorkommen.[63] Man nimmt an, dass die sieben Siegel des Buches des Lebens, die in der Offenbarung des Johannes erwähnt werden, auch die Chakren sind und den sieben Kirchen entsprechen.

Die Lokalisierung der Chakren ist ebenfalls unterschiedlich. Die Theosophen plazierten sie auf der Vorderseite des Körpers. Hinduistische und tibetanische Literatur lokalisiert sie längs der Wirbelsäule. Weil sie feinstoffliche Energien sind, kann ihr genauer Ort nicht festgelegt werden. Die Entwicklungsenergien, die ständig von allen von uns abgegeben werden, aktivieren die Chakren in einer bestimmten Folge. Involutionäre Kräfte laufen vom Kopf bis zur Leistengegend, während evolutionäre Energie von unten nach oben verläuft. Jeder Mensch hat die Wahl, ob er sich mit den nach oben oder den nach unten verlaufenden Energien identifizieren will.[64] Die aufsteigenden Energien bringen den Geist in engeren Kontakt mit der Seele und fördern die Integration auf einer spirituellen, heiligen Ebene.

Westliche Verfechter des Chakra-Systems haben die traditionellen Stellen mit dem System der endokrinen Drüsen in Zusammenhang gebracht, die den sieben Chakren weitgehend entsprechen.

Im Prozess der Entwicklung zu höheren geistigen Zuständen werden Energien von den unteren in die oberen Chakren verlagert, die aktiviert werden und deren Farbe in der menschlichen Aura mehr Gewicht bekommt. Die Persönlichkeit, oder das niedrige Selbst, wirkt durch die drei unteren Chakren, während die Spirituelle Triade der höheren drei Chakren Energien aller sieben enthält. Entsprechend wirkt Liebe durch das Herzchakra, Intelligenz durch das Kehlchakra und der Wille durch das Kronenchakra. Der Weg der Erleuchtung steigt durch diese Seinsebenen hinauf und aktiviert dabei die entsprechenden Chakren. Die motivierenden Energien sind von ihrem Potential her sowohl sexuell als auch psychisch; durch die Aktivierung bestimmter Chakren wird entsprechende psychische Bewusstheit erfahren.

Normalerweise liegt das elektrische, mystische Feuer der Kundalini aufgeringelt im Wurzelchakra, doch wenn sie erweckt wird, windet sie sich nach oben und brennt oft die ätherischen Schutzgewebe zwischen den Chakren durch, wenn das Individuum nicht volle Kontrolle über

die Funktionen des niedrigeren Selbst besitzt. Wurden dieses Verständnis und diese Kontrolle nicht entwickelt, zieht der unvermeidliche Fehlschlag oft psychische und spirituelle Störungen nach sich, die sich auch als körperliche Krankheiten zeigen können. Viele Krankheiten der modernen Menschheit rühren daher, dass Sexualität missbraucht wird. Tantrische spirituelle Übungen sollen die Initianden vorbereiten auf den Gebrauch dieser kostbaren Energien. Doch auch wenn dieser lange und schwierige Prozess erfüllt wurde, kann die Integration in unserer Gesellschaft aufgrund von Vorurteilen schwierig sein.

MANTRAS, YANTRAS, MUDRAS UND RASAS

Die frühesten tantrischen Praktiken stammten aus dem hinduistischen Animismus und stützten sich auf das Konzept der archetypischen Beziehung zwischen Shiva und Shakti. Tatsächlich waren Shakti-Kulte stark mit Tantra identifiziert, und ihr Gott wurde als Hermaphrodit gezeigt, als Symbol der Differenzierung des männlichen und des weiblichen Prinzips, die immer nach Wiedervereinigung streben.

Ein grundlegender Unterschied zwischen westlicher Liebesmagie und hinduistischem Tantra liegt darin, dass in den östlichen Formen die Teilnehmer als Aspekte von Göttern und Göttinnen gesehen und ihre persönliche Individualität praktisch eliminiert werden. Die rituellen Qualitäten werden überbetont und die Visualisierung nicht nur durch das Verständnis von Stellungen gefördert, sondern auch durch Meditationen über tantrischen Symbolen der perfekten göttlichen Vereinigung.

LINKS *»Tantrische Initiation« (Indien, 18./19. Jh.). Die zwei Prinzipien des männlichen Shiva und der weiblichen Shakti (die Weisheit verkörpert) verschmelzen im Paar und transzendieren ihre sexuelle Umarmung.*

RECHTS *»Vajrasattva in Vereinigung mit der Höchsten Weisheit« (tibetische Bronze, 18. Jh.). Dies wird durch Visvatara dargestellt. Die Weisheit ist durch das weibliche Prinzip in der sexuellen Vereinigung symbolisiert.*

In der tantrischen Praxis benutzen Sexualpartner viele Mittel, um die Identifikation mit Shiva und Shakti zu erleichtern. Dazu gehören der Wunsch, die physischen und sexuellen Begrenzungen zu überwinden und die Annahme einer magischen Qualität der Vereinigung. Zusätzlich wird der Vorgang unterstützt durch Techniken wie ritueller Nacktheit, *mudras, mantras, yantras* und Atemübungen.

Die Partner müssen in das Verständnis der vielen magischen und rituellen Positionen der Liebe (mudras) eingeführt werden, zu denen Hand- und Körperstellungen gehören. Diese Positionen sind zeremoniell und helfen auch, den Fluss göttlicher Säfte zu erleichtern, die durch den erregten Körper der Frau produziert werden, die die Energiekanäle im sexuellen Akt entweder verschliessen oder öffnen.

Ein Grundsatz des Tantrismus ist die Verbindung von Tönen mit Manifestationen. Es heisst, das Universum sei als Urton entstanden, die Silbe »AUM« oder »OM« des Gottes Brahma. Die Mantras bringen die Partner in die richtige Stimmung und Schwingung, in der Einheit mit den schöpferischen Kräften des Universums erreicht wird. Mantras werden immer von einem

OBEN *Das »aum«- oder »om«-Symbol.*

RECHTS *Erotische Tempelreliefs in Kajuraho (Indien). Diese halten die wilde Hingabe und Sinnlichkeit fest, die im Hinduismus den Göttern zugeschrieben werden. Das sexuelle Verlangen, das das Universum energetisiert, entspringt aus der Spiritualität, und dies sind die beiden Kräfte des Lebens.*

Guru gegeben, der sie spezifisch auswählt, um die richtigen Energien anzuregen und die Aufnahme des Seins des Teilnehmers im magischen Moment zu erleichtern. Die Mantras werden als Teil von Atemübungen ausgeführt, so dass die Schwingungen der Hörorgane die Integration der tantrischen Erfahrung unterstützen.

Yantras sind die visuelle Entsprechung der Mantras – jeder Ton hat ein entsprechendes geometrisches Muster von Farben und Formen. Jedes des sieben Chakren hat ein Yantra als Darstellung seiner spirituellen Energien. Die Körperstellung der Liebenden gleicht in der Form oft dem Yantra, das den Energien, die im sexuellen Akt erweckt werden sollen, am meisten entspricht. Während der Integration werden die Yantras visualisiert, und wenn dann die Kundalini-Energie aufsteigt, aktiviert und erhellt sie nacheinander jedes Yantra. Dies geht bis hinauf zum Kronenchakra, das einem tausendblättrigen Lotus gleicht.[65]

Die Rasas haben die Eigenschaft der Vergiftung, die für göttliche Entrücktheit und die entsprechenden emotionalen Zu-

OBEN *«Hinduistisches Shri Yantra-Meditationsdiagramm» (hinduistisch, 15. Jh.). Die sich überschneidenden Dreiecke symbolisieren die Integration des Männlichen und des Weiblichen. Das nach unten weisende innerste Dreieck, das an eine Vulva erinnert, zeigt, dass es sich um ein Yantra der Göttin handelt.*

stände der Ekstase nötig ist, die völlige Hingabe ermöglichen und die Kundalini-Energie ermutigen, ihren kosmischen Kreislauf zu vollenden.

Eine der machtvollsten Charakteristiken der tantrischen Sexualität ist der Kreislauf der entstehenden Energien. Der Prozess ist nicht einfach sexuelle Befriedigung für beide Partner, sondern zielt darauf ab, Kundalini-Energie um und zwischen ihren aktivierten Körpern zirkulieren zu lassen. Die ganzen psychologischen und physiologischen Systeme beider Partner werden dadurch belebt, aktiviert und energetisiert. Es ist ein Tanz, in dem es keine Unterschiede gibt zwischen Ton, Psyche, Körper und spiritueller Energie. Hände übermitteln Energie von einer Stelle zur anderen, und sogar die Füsse sind wichtige Rezeptoren und Übermittler von Energieströmen. Da die Energie anfangs recht grob ist, ist das Ziel der Übungen, sie zu verfeinern und in einen Zustand reiner Geistigkeit zu bringen – buchstäblich Nektar der Götter.

Diese sexuellen Rituale wirken auf drei Ebenen gleichzeitig: der praktischen oder buchstäblichen Ebene der vorgeschriebenen Körperstellungen, Bewegungen und rituellen Aktionen; der allegorischen Ebene, wo die Körperteile, Gefühle, spirituellen Mechanismen und zusätzliche Hilfen verstanden werden als Reflektionen des göttlichen Ausdrucks; und die mystische Ebene, wo jede Handlung ein energetischer Mechanismus ist, der die Teilnehmer näher zur finalen Integration mit den Göttern selbst bringt. In einem Paradox, das nichts anderes ist als die Verwirklichung des Unverwirklichbaren oder ein Ausdruck des Unaussprechlichen, werden die Teilnehmer etwas anderes als sie selbst, um mehr sie selbst zu werden.

Idealerweise wird das Heilige aktiviert und das Profane eliminiert. Dies entlastet die Teilnehmenden von der Qualität des Lebens in Raum und Zeit und gibt ihnen die Freiheit, ihre Energie zu verwandeln und körperliche Bewegungen in höhere Formen zu bringen.

OBEN *»Maithuna« (hinduistisch, 11. Jh.).*

GANZ LINKS *Thanka von Padmasambhava (Orientalisches Museum, Universität von Durham). Im tibetischen Buddhismus ist es die Aufgabe der Erleuchteten, das Universum spirituell und psychologisch zu ordnen und zu zentrieren, in dessen Mitte sie dargestellt werden.*

OBEN *Erotische Skulpturen von Khajuraho (hinduistisch). Erotische Handlungen zwischen Göttern und Göttinnen sind charakteristisch für die Liebe der Hindus und ihr Götterpantheon; sie drücken die Sinnlichkeit von Leben und Tod aus.*

• • •

DAS HINDUISTISCHE KAMASUTRA

• • •

Das Standardwerk der Liebe in Sanskrit, das *Kamasutra,* wurde vom legendären hinduistischen Weisen Vatsayana geschrieben, der irgendwann zwischen 100 und 300 n. Chr. lebte. Seine 1250 Aphorismen über die Liebe sind unterteilt in kleinere Verse und Abschnitte und wurden zum Wohle der Welt geschrieben, während er das Leben eines Studenten der Religion in Benares führte und sich ganz der Kontemplation der Gottheit hingab.

Die Hauptbotschaft des *Kamasutra* ist, dass jeder, der oder die die wahren Prinzipien der sexuellen Wissenschaft kennt, der das *Dharma* (Tugend oder religiöse Verdienste), *Artha* (weltlicher Wohlstand) und *Kama* (Vergnügen oder sinnliche Befriedigung) bewahrt und die Sitten des Volkes respektiert, mit Gewissheit Herrschaft über die Sinne und somit Freiheit erlangen kann. Durch sexuelle Eroberungen, ohne deren Sklave zu werden, konnten die Anhänger grossen materiellen und geistigen Erfolg im Leben haben. Dies entspricht der heiligen Funktion der Sexualität auf der höchsten Ebene der Hindu-Gesellschaft.

Das *Kamasutra* war die Grundlage indischer religiöser und sexueller Kunst, Skulptur und Architektur und wurde infolgedessen in der ganzen Welt bekannt. Die berühmten Höhlen von Ellora und Ajanta ausserhalb Bombays sind voller erotischer Steinreliefs, die die Integration des männlichen und des weiblichen Prinzips zeigen, wie auch die Entsprechung der sexuellen Rollen zur Seinsweise des Gottes Shiva und seiner Gemahlin Shakti.

• • •

MODERNER TANTRISMUS

• • •

Damit nimmt der Yogi-Meister
Gott Shiva seine schöne Frau
auf seinen Schoss,
vereinigt sich mit ihr, und,
aufsteigend, bewegen sich beide
durch Raum und Zeit[66].

Die hinduistische und buddhistische Sicht der Geschichte ist zyklisch. Jedes Weltalter ist in Serien von Zyklen geteilt, wobei die frühesten Zyklen am höchsten entwickelt und auch am längsten sind. Folgende Weltalter *(yugas)* nehmen in Zeit und Qualität ab und zeigen die Degeneration der Welt aus ihrem ursprünglichen perfekten Zustand. Jeder Zyklus beginnt und endet mit einer universellen Zerstörung. Daraus ist ersichtlich, dass das ursprüngliche Wissen und die früheste Weisheit der Menschen aus der Reinheit des ersten Goldenen Zeitalters vor vielen Äonen heruntergekommen sind.

Heute nähern wir uns dem Ende des vierten und letzten Weltalters, der Kali

Yuga, des Alters der Auflösung. Daher wird uns geraten, statt die angeblichen Ursachen des Falls der Menschheit – einschliesslich Sex und den Gebrauch der Kundalini-Energien – durch Keuschheit zu vermeiden, vielmehr «den Tiger zu reiten» und mit diesen Energien auf konstruktive Weise zu arbeiten, um sie in Kräfte des Guten umzuwandeln. Zu diesem Zweck wurden die tantrischen Praktiken ursprünglich entwickelt, und heute sind sie besonders wichtig. Wir müssen die Energie nehmen, die in einem grösseren Massstab Auflösung verursacht (was sich in steigender Bevölkerungszahl und Gewalt zeigt) und sie in uns selbst transformieren. Die Macht solcher Transformationen ist eine sehr positive Manifestation der tantrischen Praktiken.

Die paradoxe und kaum verstandene Grundlage der tantrischen Sexualpraktik ist, dass ein hoher Grad innerer Arbeit nötig ist, um die potentielle Gefahr der sexuellen Energien zu neutralisieren und transformieren. Daher wird auf Meditation, Visualisierungen, vegetarische Ernährung, physische, mentale und emotionale Übungen und andere Dinge, die das Individuelle auf die Integration ausrichten, gefördert. Dies bedeutet oft, die am stärksten mit Tantra verbundenen Praktiken – wie sexuelle Aktivität – für lange Zeit aufzugeben. Ein wichtiger Aspekt vieler tantrischer Praktiken ist, dass der Aspirant lange Zeiten der Enthaltsamkeit und intensiver Reinigung als Vorbereitung für die Initiation erfahren sollte. In mancher Hinsicht ist diese innere Reise die einzige Möglichkeit, mit dem Kern der tantrischen Praxis umgehen zu können.

Tantrische Philosophie beinhaltet eine erleuchtete Haltung gegenüber der Sexualität als wichtiges Mittel zur Integration sowohl in einem Individuum als auch zwischen Paaren und im Universum selbst. Sie ist ein praktischer und spiritueller Weg, der tiefe Einsicht in die machtvolle Dynamik der Schöpfung und die tiefgreifende Integration einer Beziehung erlaubt. Die Lehren sind zeitlos und passen in unsere heutige Zeit. Trotz der Notwendigkeit von Initiation und Unterweisung in tantrischem Wissen kann dieses, hat man es sich einmal angeeignet, wachsen und zu einer befreiten Haltung führen, die der bestmögliche Ausdruck von Einheit in unserer Welt ist.

UNTEN *Paramasukha-Chakrasamvara ist ein Buddha der Mutter-Tantra-Klasse und gleicht den tantrischen Formen des Gottes Shiva. Hier ist er dargestellt mit seiner Frau Vajrabarahi (zentralasiatische Bronze, 17. Jh.).*

KAPITEL 7

Sexuelle Alchemie des Yin und Yang

OBEN *Yin/Yang-Symbol*

Der dominante Einfluss des Konfuzius in der chinesischen Kultur zeigt oft ein puritanisches Gesellschaftsbild. Eines der wichtigsten Symbole des Konfuzianismus ist das Zusammenspiel der polaren, binären Qualitäten des Yang (hell, männlich) und Yin (dunkel, weiblich), wie es im *I Ging* oder *Buch der Wandlungen* und anderen Aspekten der chinesischen Kultur zum Ausdruck kommt, auch in Medizin, Architektur, Gartengestaltung, Malerei und Philosophie. Da eine Grundform der Vereinigung dieser beiden Energien sexuell ist, kennt die chinesische Geschichte eine wichtige Tradition mystischer Sexualität.

Die würdige Art des Herrschens der chinesischen Kaiser – mit einem tiefen Sinn für Ordnung der Beziehungen aller Dinge untereinander, auch diejenigen des Kaisers mit seiner Familie – verdeckte eine heilige Funktion der Sexualität. Unter der ordentlichen Oberfläche der chinesischen Geschichte kann man Anweisungen für angemessenes Verhalten den Konkubinen gegenüber entdecken, die in der Gesellschaft sehr gut integriert und respektiert waren. In anderen Worten, die Gesellschaft zeigte nach aussen sexuelle Zurückhaltung, während sie innerlich die Funktion der Sexualität als Darstellung von Yin und Yang förderte und sogar verehrte.

Figuren nackter Männer und Frauen wurden in Gräbern gefunden, die aus so früher Zeit wie der Zhou-Dynastie stammten (zirka 1122–255 v. Chr.). Diese Figuren sollten die Geister der Toten beleben. Die sexuelle Kraft der Vorfahren hatte grossen Einfluss auf die Nachkommen; die ganze Ahnenverehrung hat eine unterschwellige sexuelle Seite.

Das chinesische Porzellan hatte grossen Einfluss in der Verbreitung von Darstellungen des mystischen Männlichen und Weiblichen. Die Ming-Dynastie stellte den Höhepunkt der chinesischen Literatur und Kunst dar und war gleichzeitig auch die Zeit der ausdruckstärksten erotischen Darstellungen. Dieselben Kenner, die die Ming-Kultur ermöglichten und genossen, waren auch verantwortlich für die Verbreitung von Erotika. Der Kaiserhof spielte eine wichtige Rolle als Kunde und Inspiration für Werke dieser Art. Sogar die Materialien waren edel: Seide, Papier, Porzellan und Elfenbein. Sexuelle Aktivität wurde meistens friedlich und freudig dargestellt und galt als wichtigstes Mittel, Gesundheit und Vitalität zu erhalten.

Im Gegensatz dazu zeigten die frühen taoistischen und buddhistischen Kunstwerke der Mönche Sexualität als Charakteristik der Höllen, wie sie im Totenbuch beschrieben werden. Dort gilt sexuelle Aktivität als todbringend. Auch innerhalb der chinesischen Gesellschaft gingen die Meinungen über die Rolle der Sexualität auseinander.

• • •

DAS TAO DER WELT

• • •

Die taoistische Sicht des Universums stützte sich auf Qualitäten und Mechanismen des Glücks (und des Wandels) im Leben als Manifestationen eines göttlichen Spiels der Gegensätze. Die Chinesen glaubten nicht an das Gesetz von Ursache und Wirkung, sondern an eine Entsprechung zwischen inneren und äusseren Geschehnissen, verbunden durch Zufall oder Synchronizität.[67] Diese Verbindung ist der «Sinn».

Die Begriffe Yang (hell) und Yin (dunkel) sind entgegengesetzte Prinzipien des Universums, und alle Ereignisse können als Interaktion zwischen ihnen beschrie-

OBEN *«Drachen bewachen das Yin/Yang-Symbol» (Vietnam, 18./19. Jh.). Der Drachen, Symbol der kaiserlichen Macht, bewacht das Yin/Yang-Symbol, die Perle der inneren Energie.*

OBEN *Yin/Yang, ein integrierender Aspekt der physischen Welt, neben einem Drachen, der Quelle der sexuellen Energie.*

UNTEN *Grosser Yin-Talisman (frühes 12. Jh.), der weibliche, dunkle und erdhafte Energien anruft.*

ben werden. Diese polaren Qualitäten entsprechen auch dem männlichen und weiblichen Prinzip. Ihre Wechselwirkung wird als Abfolge von Wandlungen dargestellt, die von einem unaussprechlichen Zentrum reguliert werden, dem «Tao», frei als «Weg» übersetzbar, das in sich selbst aber nicht mehr ist als ein Regulator der Bewegungen. Taoisten glauben:

> *Die Urkräfte kommen nie zur Ruhe; der Zyklus des Werdens geht ohne Unterbruch weiter. Denn aus den zwei Urkräften entsteht immer wieder ein Spannungszustand, ein Potential, das die Kräfte in Bewegung hält und sie zur Vereinigung bringt, wodurch sie ständig regeneriert werden. Das Tao vollbringt dies, ohne selbst je manifest zu werden.*[68]

Die Kraft des Tao liegt in seiner Fähigkeit, die Welt durch ständige Erneuerung der Spannung zwischen den Gegensätzen zu erhalten. Diese Tao-Kraft umgibt alles und verleiht Energie zur Aufrechterhaltung der Funktionen. Ausserdem ist sie ein ordnendes Zentrum, das alle Dinge bei der Erschaffung erhalten.

Das Tao ist magisch und mysteriös, da es die Serie polarer Spannungen symbolisiert, die in mancher Hinsicht die Welt *sind*. In jeder Bewegung, jedem Gefühl, jeder Empfindung, jedem Gedanken oder jeder Intuition liegt verborgen das Gegenteil. Der mächtige Eichenbaum zum Beispiel zeigt seine Grösse, als Samen verbirgt er sie aber, obwohl sie beide dasselbe sind.[69] Das Tao verbirgt seine Kraft, indem es sich gleichzeitig von innen nach aussen in die Manifestation und von aussen nach innen in die Regeneration bewegt. Diese Phasen kehren sich ständig selber um. Aus diesem Grund kann das Tao nicht lokalisiert werden.

Wie das *Tao Te King* sagt:

> *Der SINN, der sich aussprechen lässt, ist nicht der ewige SINN.*[70]

Gegensätze bilden eine Spannung, ergänzen und vervollständigen sich. Ihr Tanz ist eine ständige Bewegung, die durch Veränderung nach Ausgewogenheit strebt. Mit dem Wandel zu fliessen heisst leben; Verweigerung des Wandels bedeutet Tod.

Das Tao zeigt sich jedem Individuum anders. Es heisst, dass der Weise seine Wirkung in allen Dingen sieht, während alle anderen nur das sehen, was die Augen erfassen können.

• • •

DIE LEBENSENERGIE PFLEGEN

• • •

Die verborgene, formlose und stille Quelle, die das Tao belebt, ist eine dynamische Energie namens *ch'i*, die dem *prāna* der hinduistischen Yogis entspricht. Für das westliche Denken entspricht das ch'i einer

Art Bioenergie, wird jedoch der Seele gleichgesetzt und ist eine Art weibliche und empfangende Luft- oder Atemenergie. Sein Gegensatz ist das geistige *Ging*, eine sexuelle Essenz im Sperma des Mannes. In der einen oder anderen Form wird ch'i als Grundenergie betrachtet, von der wir unser Leben lang zehren. Es entsteht im Energieausbruch des Sexualaktes unserer eigenen Zeugung und verstreut sich während unseres ganzen Lebens. Entsprechend gibt es eine universelle Form von Ch'i (mit grossem C), die die gesamte, bei der Schöpfung des Universums entstandene Energie ist, und die sich durch den von den Wissenschaftlern Entropie genannten Prozess vermindert. Es besteht eine offensichtliche Verbindung zwischen individuellem und kosmischem ch'i.

In der chinesischen Kunst der harmonischen Nutzung der Landschaft, *Feng Shui* (wörtlich Wind und Wasser), ist die Schlange ein Symbol des Fliessens geheimnisvoller Erdenergien; sie durchdringt die Oberfläche mit ihrem Rücken und schafft Bergketten sowie sich windende Flussläufe in der Landschaft. Inwiefern die ch'i-Energien der Erde den Drachen in der Landschaft animieren, hängt von der Tages- oder Nachtzeit, Ebbe und Flut sowie der Jahreszeit ab. Das Blut des Drachens soll die Lebensenergie weitergeben, die alle Lebewesen erhält, und die Menschen sind davon besonders abhängig. Die Drachenhöhle liegt an günstigen Orten, wo die Erdenergien sich treffen und natürliche Bedingungen die Anhäufung von Energie unterstützen. Diese magischen Stellen werden von Feng-Shui-Ausübenden gesucht.

Gemäss der chinesischen medizinischen Lehre wird die Länge des Lebens vor allem vom Verzehr von ch'i bestimmt. Viele Faktoren entziehen einem Menschen ch'i, wie schlechte Ernährung, falsches Atmen, Umweltverschmutzung, Alkohol-, Tabak- und Drogenkonsum, doch das schlimmste ist vor allem bei Männern der falsche Gebrauch des sexuellen Orgasmus. Ch'i kann durch Ernährung, Atemübungen, Kräuter und andere taoistische Techniken verbessert werden, doch der richtige Gebrauch und die Regulierung sexueller Energien ist besonders wirkungsvoll. Die Erhaltung und Erneuerung des ch'i ist ein zentrales Konzept der östlichen Medizin. Östliche Philosophie enthält eine exakte Wissenschaft der Lebensenergie, und Krankheit wird als Degeneration der reinen Energie betrachtet, die man bei der Empfängnis bekam. Krankheitssymptome zeigen sich dann, wenn die Energie unausgewogen ist.

OBEN *Grosser Yang-Talisman (frühes 12. Jh.), der männliche, helle und himmlische Energien anruft.*

UNTEN *Gemälde einer Frau auf einem Balkon (China, 18./19. Jh.).*

OBEN *Chinesische Drachen auf einer Hauswand in Haw Par Villa, Singapur.*

RECHTS *Kopf eines Drachens auf einem Topf im Mandarin-Hotel, Beijing, China. Er bildet einen Teil eines Feng-Shui-Energiestroms.*

OBEN *Goldener Drache auf einer Türe in Haw Par Villa, Singapur. Drachen galten als wohltätige Mächte.*

In einem weisen Leben ist das Hauptziel die Integration vitaler Energien und die Transformation von Seele und Geist zur Schaffung eines höheren, unsterblichen Körpers – symbolisiert durch die «Goldene Blüte». Die Chinesen sind in ihren Ansichten «ganzheitlich», weil sie Sexualität nicht nur als Bestandteil der Ausgewogenheit innen und aussen betrachten, sondern als zentralen Mechanismus des Gleichgewichts.

• • •

ENERGIEFLUSS UND MERIDIANE

• • •

Die Chinesen glauben, dass die Lebensenergie durch ein Netzwerk von unsichtbaren Kanälen, die Meridiane, durch den ganzen Körper fliesst. Jeder der zwölf Hauptmeridiane ist mit einem bestimmten Organ, einer endokrinen Drüse oder anderen vitalen Funktionen verbunden und wird durch Nebenmeridiane ergänzt. Das Ziel von Heiltechniken wie der Akupunktur ist es, blockierte Meridiane zu aktivieren und den Energiefluss zu den Organen wieder in Gang zu bringen. Entsprechend soll der richtige Gebrauch der sexuellen Energien eine heilende Wirkung haben und die Meridiane anregen und reinigen, während ihr Missbrauch sie verunreinigt.

Die Verbindung zwischen Heilprozess und Sexualität ist natürlich und wichtig. Die chinesische Philosophie nimmt an, dass wir nicht nur aus zwei Ebenen namens Geist und Körper bestehen. Es gibt drei Seinsaspekte, die untereinander verbunden sind: der «Körper», als Stamm, der die «Wurzeln» des ch'i mit der Blume des «Geistes» verbindet. Der Integrationsprozess kann in vielen Lebensbereichen, wie Ernährung, Atmen, Meditation, richtiges Verhalten, Übung und Sexualität angeregt werden. Das Ziel ist zweifach: erstens dem Körper seine ursprüngliche Kraft zurückzugeben, zweitens den lebenden Körper in eine höhere, vergeistigte Wesenheit zu verwandeln, die das Leben transzendiert, ein als «Goldene Blüte» oder «Einheit der dreifachen Gleichung» bezeichneter Zustand, der der Integration von Himmel und Erde entspricht.

OBEN *Der Talisman des Himmlischen Yang ist ein Heilmittel für Frauen. Er symbolisiert einen Penis mit den Schriftzeichen für «zum Kommen verführt» unter einer Sternenkonstellation. Die durch ein Ungleichgewicht zwischen Yin und Yang entstandene Krankheit wird durch Geschlechtsverkehr behoben.*

SEXUALALCHEMIE DES TAO

Die chinesischen Sexualpraktiken wurden in der taoistischen Gesellschaft von Weisen und Kaisern angewendet. Gewiss waren sie ein geheimer Pfad für Initiierte und ihre Konkubinen und nicht für das gewöhnliche Volk gedacht.

Eine der Grundideen der taoistischen Sexualität besagt, dass das Sperma ausser seiner befruchtenden Kraft auch Lebensenergie enthält. Daher soll es als Schatz gehütet und nicht verschwendet werden. Ejakulationen zu anderen Zwecken als der Zeugung von Kindern wurde als Verrücktheit betrachtet, und Wiederholungen über längere Zeit galten als schädlich für Gesundheit und Wohlbefinden. Dies mag heute weit hergeholt scheinen, doch man bedenke, dass eine einzige Ejakulation 200 bis 500 Millionen Spermen enthält und gegen ein Drittel der täglichen Energieration eines Mannes aufbraucht.[71]

Schon eine einzige Ejakulation zehrt stark am Energiesystem eines Mannes und seinem allgemeinen Gesundheitszustand, insbesondere, weil sie die Wirksamkeit der Drüsen des Immunsystems reduziert. Diese Degeneration und folgende Schwäche kann verschiedene Auswirkungen haben: Schwächung der Potenz, Erschwerung bis Verunmöglichung energetischer Transformationen, unbewusste Wut auf Frauen.[72] Solch ekstatische Freude kann also zu grossen energetischen Schwierigkeiten im späteren Leben führen. Ejakulation ist ein vorübergehendes, oberflächliches Vergnügen, wenn man sie mit der tieferen Erfahrung vergleicht, die durch Wiederzuführung des Samens in den Körper entsteht, um so mehr, wenn die sexuellen Energien zwischen den Partnern zirkulieren.

Der Taoismus ist als einzige Weltreligion nicht gegen Sexualität. Den Taoisten galt Enthaltsamkeit nie als Mittel gegen möglichen falschen Gebrauch der sexuellen Energie; sie entwickelten vielmehr Techniken zur Steigerung der sexuellen Erfahrung sowie eine spirituelle Zielsetzung.

Das Grundprinzip der taoistischen Sexualität ist die Kultivierung des Samens durch Zurückhaltung. Es gibt viele Techniken, aber der Grundmechanismus besteht in der Versiegelung des Penis durch Stärkungsübungen des Lendenbereichs, die anfangs ohne Kontakt mit Frauen durchgeführt werden. Ein Mann kann «das Tor verschliessen» oder einen «Riegel» schaffen, indem er entweder mit dem Scrotum das Sperma nach oben pumpt (mit einer sakralen oder cranialen Pumpbewegung) oder indem er eine Atemtechnik der Hoden benutzt und andere unterstützende Techniken wie Meditation und Atemübungen. Dadurch wird das ch'i nach oben gebracht sowie heilende Wirkungen erzeugt wie Entgiftung des Körpers durch effektivere Darmbewegungen, Veränderung des Speichels, Entfernung von Hämorrhoiden und Reinigung des Bluts.

Wenn der Riegel richtig verstanden wird und Körper und Geist während Wochen, Monaten oder Jahren trainiert, kann er ausser auf den sexuellen Akt auch auf höhere Meditationstechniken angewandt werden. Im ersten Stadium wird die Konzentration und Lagerung der ch'i-Energie in der Nabelgegend geübt, um sie dann auf bestimmte Weise zu nutzen. Die so erzeugten wirbelnden Energien werden in höhere Verschmelzungszustände transformiert, während sie bis in den Kopf hinaufsteigen. Der Riegel verhindert den Verlust des Samens, während er mit feineren

Techniken zu höheren Zielen eingesetzt werden kann.

Als Folge dieser Kontrolle der Ejakulation steigt die sexuelle Energie den Körper hinauf bis zum Kopf und regt dabei die Akupunkturmeridiane und Chakren an. Diese taoistischen Praktiken werden als eine Art Alchemie betrachtet, da sie niedrige Energien in höhere verwandeln können. Am Schluss wird diese Energie im Mund als Honignektar geschmeckt. Dieses höhere Produkt der taoistischen Alchemie wird als Lebenselixier bezeichnet, das wundersame regenerierende Kräfte

OBEN *Akupunktur-Meridiane auf einem Yin/Yang-Symbol.*

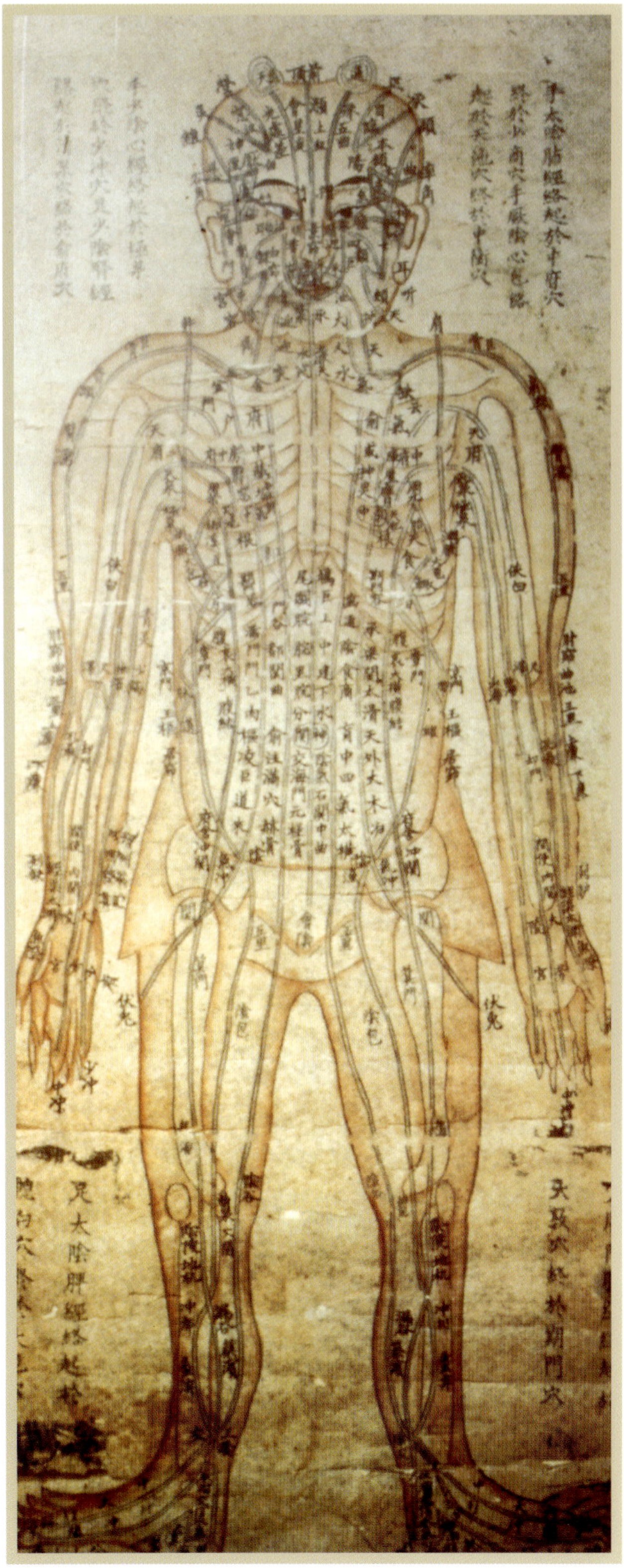

RECHTS *«Meridiankarte für Akupunktur». Durch diese Bahnen fliesst die ch'i-Energie im ganzen Körper.*

RECHTS *Ein Soldat umarmt seine Geliebte.*

besitzt, die Sexualität über Jahrzehnte hinweg aufrechterhält und zu Langlebigkeit führt. Es ist eine ätherische Substanz, doch es gibt viele, zum Teil poetische Hinweise darauf: die «Samenperle» oder «das Geheimnis der Goldenen Blüte», oder «Amrita», das Lebenselixier der hinduistischen Yogi-Kultur, oder der «Nektar der Unsterblichkeit».

• • •

DER TAOISMUS UND DIE FRAU

• • •

Die Taoisten verheimlichen ihre Sicht von Rolle und Stellung der Frau nicht. Sie besitzt viel Macht, aber wenig Anerkennung. Während gewissen Perioden des Taoismus galt regelmässiger sexueller Kontakt mit demselben Partner unabhängig von der Qualität dieses Kontakts für beide Partner als weniger wertvoll als sexuelle Beziehungen zu vielen Partnern. Allgemein gilt jedoch der Weg der Monogamie als der wahrhaftigste.

Das *I Ging* berichtet, dass es für edle, reiche oder mächtige Männer üblich war, viele Frauen zu haben. Man glaubte, dass sexuelle Aktivität zwischen dem Meister und allen seinen Frauen die Harmonie im Hause sicherte und dass die Potenz eines Mannes alle Frauen seines Haushalts brauchte. Da einer der wichtigsten Gründe für diese Kontakte war, den Frauen Yang-Energie zu geben und dem Mann Yin-Energie, war dieser Brauch auch auf höheren Gesellschaftsebenen gerechtfertigt.[73]

Ein taoistischer Weiser kennt alle geschlechtlichen Körperteile einer Frau und deren Sekrete, die während des Sexualaktes geschmeckt werden können. Zunge und Lippen, Brüste und Venushügel werden als «die drei Gipfel» bezeichnet, die geleckt, gestreichelt und gelutscht werden müssen, um eine Frau zu stimulieren und ihr höchstes Vergnügen zu schenken, und um dem Mann unbeschreiblich wohltuende Substanzen zu geben. Die zwei Gipfel ihrer Brüste sondern einen «weissen Schnee» ab, der süss schmeckt, das schützende und meist geschlossene «dunkle Tor» bewacht den Venushügel und die Essenz der «Mondblüte» fliesst aus dem dort liegenden «Palast des Yin». Der höchste Gipfel ist «der Gipfel des roten Lotus», aus dem die «Jadequelle» durch Gefässe unter der Zunge fliesst.[74] Diese Art poetischer Verehrung des weiblichen Körpers und des sexuellen Akts ist charakteristisch für Taoisten. Die Namen erinnern an die Zusammenstellung der Elemente, höheren Prinzipien und die gesteigerten Gefühle ihrer Schriften und Bilder. Wolken symbolisieren die steigende Macht

OBEN *Die taoistische Göttin der Gnade, Kuan-Yin (China, 17./18. Jh.).*

UNTEN *Taoistische Weise bewundern das Yin/Yang-Symbol (China, 17./18. Jh.). Das Yin/Yang-Symbol nimmt in der taoistischen Philosophie eine zentrale Stellung ein.*

OBEN *Einer der acht Reinen, dargestellt als taoistischer Priester, der dem himmlischen Altar ein phallisches (Yang) Gebetstablett darbietet.*

der weiblichen sexuellen Essenz, die durch den Beischlaf aktiviert wird, Regen steht für die Ejakulation des Mannes. «Wolken und Regen» ist ein verbreiteter Ausdruck für Beischlaf, und seine Varianten beschreiben alle möglichen sexuellen Situationen, wenn zum Beispiel «der Regen vorüberzieht» oder «die Wolken zum Bersten gefüllt» sind.

So wie Ejakulationen Ursache für Energieverlust beim Manne sind, ist die Menstruation der Weg, über den Frauen Energie verlieren. So wie das männliche Sperma über innere Wege zurückgeführt werden kann, kann auch die Energie des monatlich reifenden Eis transformiert und für höhere energetische und spirituelle Zwecke eingesetzt werden. Das Ei enthält ching-Energie, die durch Essen, Atmen und Lebensenergie genährt wird und machtvolle Heilkräfte besitzt. Durch Verbrauch dieser Kräfte und deren Verschwendung in unentwickelten Frauen entsteht Stress aus negativen Gefühlszuständen. Die positive Transformationskraft geht verloren und die hormonellen Zentren und Organe verlieren ihre wichtigste Quelle natürlicher Heilenergie.

Die Aufgabe der Frauen ist es, diese Sexualität zu maximieren und mit Übungen negative Emotionen in positive ch'i-Energie zu verwandeln, die sie dann zur Integration mit ihren Partnern verwenden, durch Empfängnis an ihre Kinder weitergeben oder zur Vitalisierung ihres eigenen körperlichen und geistigen Systems verwenden können. Wieder müssen die verschiedenen Techniken gelernt werden, die die ch'i-Energie durch den Körper und zwischen den Partnern fliessen lassen, um die sexuelle Ekstase zu verstärken, die ch'i-Energie zu vermehren und auf höhere Ebenen zu bringen.

Die Transformationsprozesse des weiblichen sexuellen Systems sind im Prinzip gleich wie beim Mann.[75] Eine Methode besteht darin, mit Hilfe des Atems die Eierstöcke anzuregen, eine andere, mit Übungen Energie aus ihnen zu gewinnen, zu verstärken, zu sammeln und zu transformieren, statt sie in Orgasmen zu verschwenden. Es kommt immer noch zum Orgasmus, aber er stellt eher eine Revitalisierung als ein Ventil für angehäufte negative Emotionen dar.

Wenn diese Vorgänge regelmässig geübt werden, führen sie zu einer verbesserten Sexualität, zu engeren Beziehungen zwischen Männern und Frauen, und haben wohltuende, heilende Auswirkungen auf Haut, Körperorgane und Geschlechtsorgane. Verschiedene Schwierigkeiten mit Menstruation und Menopause

OBEN *»Dämonisches Paar« vom Char Narayan in Patan, Nepal. Die dämonischen Eigenschaften der Sexualität können aus mangelnder Kontrolle der Partner entstehen.*

OBEN *Das «Grosse Letzte», Tai Chi, sexuell ausgedrückt als die magische Vereinigung von Yin und Yang. Die Liebenden sind in der taoistischen Stellung des «schwebenden Schmetterlings» (Porzellan, Mitte des 18. Jh., Ch'ing-Dynastie).*

können mit Hilfe dieser Praktiken gelöst werden. Man glaubt, dass buddhistische Nonnen Techniken benutzen, mit denen sie ihre Monatszyklen ganz verhindern konnten. Dies war unter dem Namen «den roten Drachen töten» bekannt.[76]

• • •

DIE VEREINIGUNG VON WASSER UND FEUER

• • •

In der taoistischen Literatur über Sexualität herrscht eine Überbetonung des Mannes und seiner ejakulativen Funktion. Dies kann daher kommen, dass Männer dringender ein vertieftes Verständnis der inneren Bedeutung der Sexualität brauchen. Die Yang-Energie der Frauen gilt als machtvoller als die Yin-Energie der Männer, geistig wie sexuell. Männer werden in ihren tieferen Instinkten für verletzlicher und schwächer gehalten; daher rührt auch die extreme Überkompensation in patriarchalischen Gesellschaften.

Der Schlüssel zur sexuellen Harmonie liegt in der rhythmischen Integration des Yin und des Yang, woraus ein Energiestrom von einem Partner zum anderen entsteht, eine Zirkulation von einem Wesen zum anderen. Auf einer tiefgründigen Ebene entspricht die taoistische Philosophie der Sexualität der taoistischen Weltanschauung. Integration beginnt mit dem Strömen der Energie in einem Individuum, das dann auf einen Partner der entgegengesetzten Polarität ausgedehnt werden kann. Daraus entsteht ein Prozess, der die Welt selbst umfasst und reflektiert und in die Welt hinein ausgedehnt werden kann. Es ist wichtig, dieses Prinzip zu verstehen, denn es ist auch ein Grundprinzip der modernen Ökologie – Koexistenz mit der Umwelt durch Gleichheit im Austausch statt Ausbeutung und Vergewaltigung.

Die wichtigste Funktion eines grossen Teils der taoistischen Philosophie ist die Förderung gesunder zwischenmenschlicher Beziehungen. Die Lehren des Taoismus können auf alle Arten von Beziehungen angewandt werden, nicht nur auf heterosexuelle Männer und Frauen. Sie betonen die Unterscheidung, das Verstehen des Energiestroms, um gegenseitige Sensibilität zu erreichen, Kontrolle über blinde und animalische Leidenschaften und Konzentration auf Erleuchtung beider.

Damit eine echt menschliche Ökologie funktionieren kann, muss man zuerst verstehen, dass kein Teil alle Energie haben kann. Dadurch käme es zu Stagnation und Tod. Der energetische Prozess kann nur funktionieren, wenn die Energie strömt und nie stillsteht. Die Bewegung vom Atem zur Sexualität zum Geist ist ein Kreislauf wie das Yin/Yang-Symbol, das ein solches Fliessen darstellt. Dieser endlose Kreislauf *ist* das Leben.

Taoisten stellen die männlich/weibliche Vereinigung der Yin- und Yang-Energien einer Metamorphose von Körper und

Seele gleich. Dies wiederum ist ein Abbild der Begegnung von Erde und Himmel, dem Urprinzip der Mutter-Erde-Kulten vor Jahrtausenden. Während der sexuelle Akt die äussere Form dieser Vereinigung ist, hat er auch innere und höhere Aspekte. In den Körpern der Partner befruchtet der feinstoffliche Samen das höhere Ei, und die Essenz ihrer Seelen wird gereinigt und transformiert. Das differenzierte männliche Wesen muss ständig der empfänglichen Umarmung des Weiblichen ausgesetzt und davon beeinflusst sein.[77] Aus der Integration entsteht «die goldene Blüte», ein inneres psychologisches und spirituelles Zentrum, das als Lichtquelle erfahren wird.

Jung identifizierte in einigen seiner Patienten einen psychologischen Prozess analog der Schaffung der «goldenen Blüte». Er beschrieb Menschen, die durch die Kraft der polaren männlichen *(animus)* und weiblichen *(anima)* Energien in ihnen psychologisch gespalten waren. Dieser Zustand hielt an, bis die Integration der Energien geschah, woraus eine Art androgyner Einheit entstand. Wenn eine solche Integration nötig wird, ist Sexualität vermutlich eher eine Behinderung als ein positiver Wachstumsfaktor, doch im allgemeinen wird auf dem Weg der taoistischen sexuellen Alchemie Sexualität als Katalysator für höhere Integration verstanden.

UNTEN *Piktographische Beschriftungen von Bronze-Urnen, die zur Blütezeit des Laotse, des Meisters der taoistischen Literatur, geschaffen wurden. Die Medaille zeigt die vier Richtungen der chinesischen Kosmologie, die im Dualismus von Yin und Yang verwurzelt sind.*

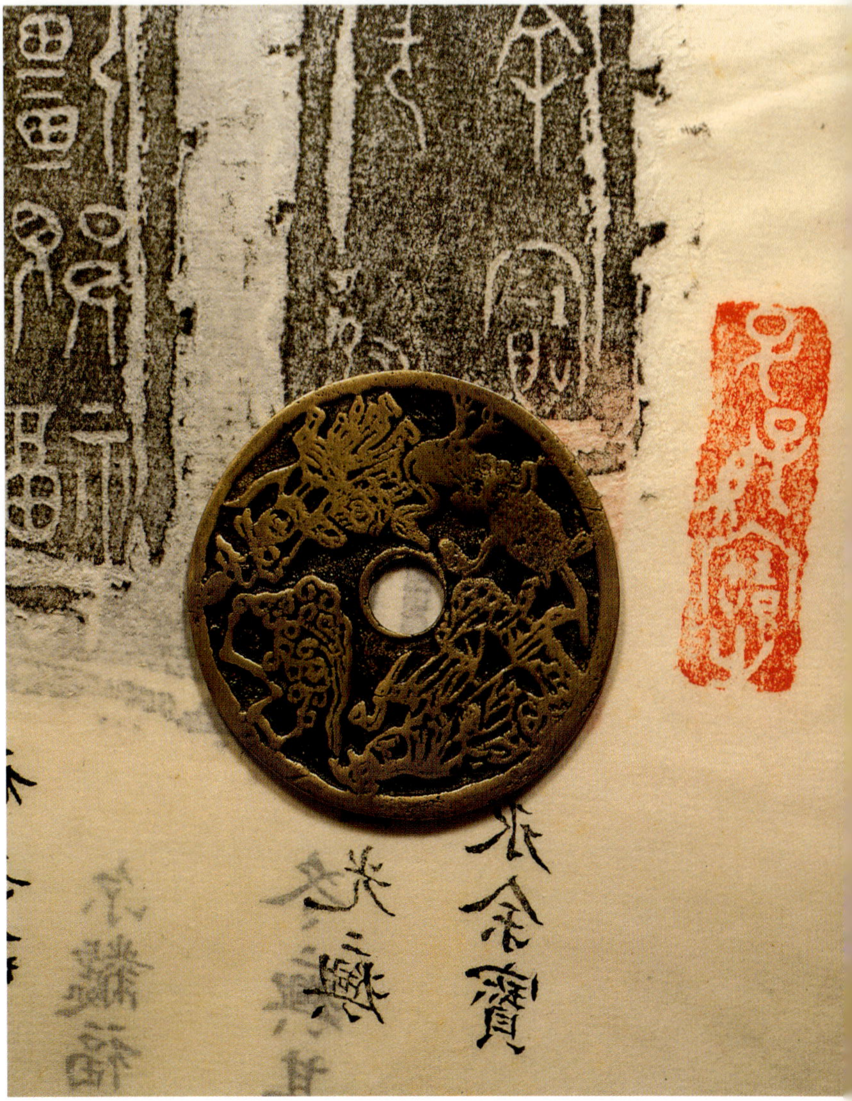

KAPITEL 8

Griechische Göttinnen im Untergrund

GANZ RECHTS *Venus/Aphrodite mit einem ihrer mythischen Gefährten, dem schönen Adonis, in einem Gemälde von Cornelisz van Haarlem (1562–1638).*

HYMNE AN DIE GROSSE MUTTER

Gaia, Mutter von allem
Grundlage von allem
die älteste.

Ich singe der Erde
Sie nährt alles
Das ist in der Welt.

Wer du auch bist
ob du auf ihrem heiligen Boden lebst
oder an den Wegen des Meeres
du der du fliegst

Sie ist es, die dich nährt
aus ihrem Schatz,
Königin der Erde
durch dich

schöne Kinder,
schöne Ernten
kommt

Leben geben
und Leben nehmen
sind beide dein

Glücklich ist der Mann, den du ehrst
wer das hat
hat alles.[78]

Von allen mythischen Götterpantheonen ist uns das Modell des griechischen Olymp am bekanntesten. Die Planeten unseres Sonnensystems sind nach der römischen Version dieser Unsterblichen benannt, und wir benutzen immer noch Ausdrücke, die ihre lateinischen und griechischen Namen enthalten – wie zum Beispiel «Aphrodisiakum» und «jovial».

GRIECHISCH/RÖMISCH *Götter und Göttinnen*
ZEUS/JUPITER *Vaterfigur, herrscht über den Himmel*
HERA/JUNO *Frau des Zeus/Jupiter, Schutzherrin der Ehe*
APHRODITE/VENUS *Göttin der erotischen Liebe, der Schönheit und der Künste*
ARES/MARS *Kriegsgott, Geliebter der Aphrodite/Venus*
DEMETER/CERES *Fruchtbarkeits- und Ackerbaugöttin, insbesondere des Korns*
PERSEPHONE/PROSERPINA *jungfräuliche Göttin, Tochter der Demeter/Ceres, Königin der Unterwelt*
PLUTO/HADES *Gott der Unterwelt, Bruder des Zeus/Jupiter, Entführer und Ehemann der Persephone/Proserpina*
ARTEMIS/DIANA *Jungfräuliche Jägerin, Herrin der Tiere, Schutzgöttin der Jungfrauen*
ATHENA/MINERVA *Göttin des Krieges und der Weisheit, Schutzherrin der Stadt Athen in ihrer griechischen Form, geboren aus dem Kopf des Zeus*
HESTIA/VESTA *Göttin des Herdes, dem Herzen des Heims*
POSEIDON/NEPTUN *Gott der Ozeane, Bruder des Zeus/Jupiter*
HERMES/MERKUR *Gott der Reisenden, der Sprache sowie Trickster – der Botschafter der Götter*

RECHTS *Die Macht des Zeus kam ursprünglich von der grossen Erdmutter Gaia.*

Doch das griechische Pantheon ruht auf den Bruchstücken des Kults der Grossen Göttinnen Inanna, Ishtar, Isis und der allmächtigen minoischen Göttin der Doppelaxt. Mehrere Wellen indoeuropäischer Eroberer zerstörten nach und nach die geheimnisvollen minoischen und myzenischen Kulturen Kretas des griechischen Festlandes. Die alten Rituale der heiligen Hochzeit wurden abgelöst und die Göttin selbst in zahlreiche Figuren aufgespalten, von denen jede ihren eigenen Einflussbereich hatte. Zeus, der Himmelsvater, dessen Waffen der Blitz und der Donner waren, wurde zum allmächtigen Führer aller Götter. Doch trotz späterer Mythen, die Zeus die Macht der «Mutterschaft» verliehen – Athene, die Göttin der Weisheit, entsprang seiner Stirn, während Dionysos, der anarchische Gott der Ekstase, in seinem Oberschenkel heranreifte – blieben die Göttinnen machtvoll und symbolisierten immer noch Fruchtbarkeit, Sexualität, Geburt und Tod. Man sollte nicht vergessen, dass Zeus' Symbole der Männlichkeit, Blitz und Donner, kostbare Geschenke von seiner Grossmutter waren, der ursprünglichen Schöpferin und Mutter Erde, Gaia.

RECHTS *Athene, Symbol des weiblichen Intellekts, wurde von Zeus allein geschaffen.*

JUNGFRAU, MUTTER, GELIEBTE

Es treibt den heilgen Himmel, sich der Erd zu nahn,
Und Trieb ergreift die Erde, zu empfangen ihn;
So fällt der Regen aus des Himmels Liebesschlaf
Und schwängert Gaia; sie gebärt den Menschen dann
der Herden Futter und Demeters Lebensfrucht,
Der Bäume Frühlingsblüte reifet aus dem Nass
Der Zeugung; alles dessen bin die Urkraft ich [Aphrodite]. [79]

Die goldene Aphrodite, Göttin der erotischen Liebe, der Schönheit, der Künste und der Harmonie wurde aus dem weissen Schaum des Meeres geboren, der durch die abgeschnittenen Genitalien des Himmelsgottes Uranos, Gaias Gefährten, befruchtet worden war. Ihr traditioneller Geburtsort Zypern weist auf ihre alte Ab-

LINKS *Aphrodite, raffinierte Schutzherrin der sexuellen Liebe, zusammen mit Pan, welcher Lust und den Geist der Natur verkörpert.*

RECHTS *Festmahl von griechischen Prostituierten (ca. 510 v. Chr.).*

stammung hin, denn sie kam aus Mesopotamien und brachte viele Aspekte der alten Grossen Göttin mit sich.

Die spätere griechische Mythologie versuchte ihre launische Natur zu zähmen, indem sie sie mit dem verkrüppelten Hephaistos «verheiratete», dem Schmied und Archetyp des eifersüchtigen Ehemanns. Doch eine solche Bindung konnte sie nicht zurückhalten, und sie betrog ihn mit Ares, dem Kriegsgott. Hephaistos fing die Liebenden in einem goldenen Netz und gab sie vor den anderen Göttern der Lächerlichkeit preis. Aphrodite jedoch floh einfach an ihren Geburtsort und weigerte sich als freudige Verkörperung der sexuellen Liebe und Kreativität, im Mythos oder den Herzen der Männer und Frauen herabgesetzt zu werden.

EROS UND ADONIS

Aphrodites andere mythischen Partner zeigen ihre Ursprünge klarer. Sie ist unauflöslich verbunden mit zweien von ihnen: Eros, der aus einem silbernen kosmischen Ei schlüpfte, das im Schoss der Nacht gewachsen war, und ihr Ebenbild, bevor er als ihr Sohn bekannt wurde; und der schöne Adonis, geboren aus einer Myrrhe und von Aphrodite und Persephone in der Unterwelt verborgen.

Die traditionelle Rolle des Eros ist es, die Herzen der Menschen zu verzaubern, damit sie sich verlieben. Wie Aphrodite verkörpert er die unkontrollierbare Natur von Liebe und sexueller Anziehung und hat Verbindungen zum Schicksal. Die unwiderstehliche Natur der erotischen Liebe war daher immer noch eine göttliche

RECHTS *Die Horae, mythische Tänzerinnen, die mit Aphrodite als Göttin der Zeit und des Schicksals verbunden wurden.*

Kraft, hatte aber schon begonnen, ihre Verbindungen mit Transformation und Transzendenz zu verlieren.

Adonis (der «Herr») wird wie Eros manchmal als Aphrodites Sohn bezeichnet, obwohl sie ihn nicht gebar. Doch sie kämpfte um ihn mit der Königin der Unterwelt, Persephone, die ihn behütet und als Kind vor neidischen Augen in ihrem Schattenreich verborgen hatte.

Als der Streit von Zeus geschlichtet wurde, durfte Adonis einen Teil des Jahres mit Aphrodite verbringen, wurde aber jedes Jahr bei der Rückkehr in die Unterwelt symbolisch geopfert. In Alexandrien, Griechenland und Syrien wurden seine Rolle als Liebhaber der Aphrodite, sein Tod und seine Wiederauferstehung mit grossen öffentlichen Ritualen gefeiert. Diese feierten die heilige Hochzeit des Paares und betrauerten den unvermeidlichen Verlust, wenn sein Bild in den Fluss geworfen wurde. Seine symbolische Wiedergeburt wurde am folgenden Tag gefeiert, was an alte erotische Fruchtbarkeitsriten erinnert.

NÄCHSTE DOPPELSEITE *Dionysos ruht mit seinem Gefolge.*

UNTEN *Eros, als Grabrelief, enthüllt die zeitlosen Verbindungen zwischen Ekstase und Tod.*

• • •
HEILIGE PROSTITUIERTE
• • •

Aphrodite wurde wie die babylonischen und sumerischen Göttinnen vor ihr auch mit dem weitverbreiteten Ritual der heiligen Prostitution gefeiert. Am berühmtesten waren die Feiern in Zypern, ihrem Geburtsort, und Korinth, einer der reichsten Städte der antiken Welt. Heilige Prostitution gibt es nicht mehr und es ist für das moderne Denken schwierig, dieses Konzept zu begreifen. Heute wird Prostitution als Laster betrachtet, das alle Beteiligten herabwürdigt. Vor Tausenden von Jahren jedoch waren das Sexuelle und das Geistige nicht so streng getrennt. Die Priesterinnen der Ishtar in Sumer wurden zu Ehren ihrer Göttin zu heiligen Prostituierten und trugen dadurch kein Stigma – ganz im Gegenteil. Der Text einer sumerischen Lehmtafel legt zum Beispiel diese Worte in den Mund der Göttin Ishtar: «Eine mitleidige Prostituierte bin ich.»

Aphrodites Verehrer setzten nur diese alte Tradition fort, die erotische Liebe als symbolisches und wirkliches Sakrament ehrte. Zu ihren vielen Titeln gehörten auch «Aphrodite die Kurtisane», «Aphrodite die Schreibende», «Aphrodite der Nacht» und die «himmlische Mutter der Liebenden». In Korinth, Zypern und auf dem Berg Eryx in Sizilien mussten ihre prächtigen Tempel erstaunlich gewirkt haben, denn jedem dienten mehr als tausend heilige Huren, *hieroduli* oder *Horae*.

Hesiod, ein griechischer Poet des 8. Jh. v. Chr., bemerkte, dass diese Priesterinnen «das Verhalten der Männer besänftigten», da sie nicht nur die Liebeskünste pflegten, sondern auch für ihre Heilkunst bekannt waren. Die Horae waren auch wie alle heiligen Prostituierten graziöse Tänzerinnen – der Stundentanz leitete sich aus ihrem Brauch ab, die Stunden der Nacht mit Kreistänzen zu messen. Dieser Ritus zeigt Aphrodites Rolle als Göttin von Zeit und Schicksal, aber auch ihre Schutzherrschaft über die Künste, über Musik und Kultur.

Als die griechische Gesellschaft zunehmend patriarchalisch wurde, verloren die Tempelhuren Macht und Status der sumerischen Priesterinnen. Viele von ihnen gehörten der Klasse der Sklaven an, denn reiche Männer kauften Frauen auf den Sklavenmärkten und machten sie der Göttin zum Geschenk. Als Dienerinnen der Aphrodite verbrannten sie die «goldenen Tränen» des frischen Weihrauchs, feierten ihre Göttin und wurden immer noch als ihre Verkörperung auf Erden verehrt. Ihre sexuellen Rituale waren jedoch nur ein schwacher Abglanz des komplizierten, heiligen Rituals der heiligen Hochzeit des sumerischen Königs mit der Priesterin, in der er die Gnade der Göttin für alle seine Unternehmungen erflehte, und ohne die der König in den Augen seines Volkes nicht wirkungsvoll herrschen konnte.

OBEN *Hades speist in seinem Reich der Unterwelt.*

GANZ LINKS *Demeter mit ihrem Gefährten Triptolemus und ihrer Tochter Kore, die auch unter dem Namen Persephone bekannt ist.*

LINKS *Dionysos' Auftreten mit Leoparden weisen auf seine Herkunft aus dem Osten hin. Auf diesem Mosaik reitet er das Tier (ca. 180 n. Chr.).*

• • •

DEMETER UND DIE MYSTERIEN

• • •

Das Ritual der heiligen Hochzeit überlebte auch als das geheime Kernstück der Mysterien von Eleusis. Diese Riten wurden zu Ehren einer anderen goldenen Göttin abgehalten, Demeter, die die Fruchtbarkeit des Körpers und die Bebauung der Erde selbst verkörperte. Ihr Symbol war eine reife Kornähre. Ihre Tochter, die Jungfrau Persephone, ist in ihrem Mythos und den Mysterien zentral, die ihren Verlust und die Rückkehr zu ihrer besorgten Mutter nachspielten. Persephone wurde, als sie unschuldig Blumen pflückte, vom dunklen Gott der Unterwelt, Hades, brutal entführt, damit sie seine Braut würde. Demeters Kummer brachte der Erde Fruchtlosigkeit, als sie auf der Suche nach ihrer Tochter umherirrte. Schliesslich kam sie nach Eleusis, wo sie als altes Weib verkleidet den König in ihre Mysterien einführte und dem Volk die Geheimnisse des Ackerbaus enthüllte. Im Mythos schliesst sie einen Handel mit Zeus ab, und Persephone darf zwei Drittel des Jahres mit ihrer Mutter auf der Erde verbringen und muss nur im Winter zu ihrem düsteren Ehemann zurückkehren, da sie von den Granatäpfeln, die Hades ihr bei ihrem Aufenthalt in seinem Reich angeboten hatte, gegessen hatte.

Die Granatäpfel sind ein Symbol für Hades' Samen oder Sperma. Der Samen ist bitter, wie es zum Herrn der Unterwelt passt, doch er ist eingeschlossen in süsses rotes Fleisch, das seine leidenschaftliche Natur darstellt. Indem sie die Früchte ass, empfing Persephone männliche Energien – aus eigenem freiem Willen. Da sie ihn symbolisch angenommen hatte, musste sie seine Braut werden. Diese Geschichte

RECHTS *Demeter führt den Vorsitz an einem Initiationsritus der Eleusinischen Mysterien.*

geht der biblischen Geschichte von Eva, die «die Frucht vom Baum der Erkenntnis von Gut und Böse» ass, voraus. Durch das Essen seiner Frucht erkannte Persephone Hades – ein alter Ausdruck für den Beischlaf.

Persephones Ehe in der Unterwelt wird in frühen Sagen ausgeglichen durch die heilige Vereinigung ihrer Mutter Demeter mit einem Geliebten, der eine ganze Reihe von Titeln hat. In Hesiods *Theogonie* (um 700 v. Chr.) wird er Jason, der kretische Held, genannt. Demeter und Jason lieben sich in einem gepflügten Feld, um die Fruchtbarkeit der Erde zu gewährleisten und als Symbol von Demeters Herrschaft über die Ackerbaukünste. Pflügen ist ebenfalls ein zeitloses Symbol für sexuelle Vereinigung, wie die heilige erotische Poesie Sumers zeigt.

Demeter ist zusätzlich mit Dionysos verbunden, dessen Abstammung nach Indien führt, wo er zweifellos mit tantrischen Mysterien verbunden ist. In Eleusis, bekannt unter dem Namen «der Ort der glücklichen Ankunft», erscheint Dionysos als Neugeborener, was die Botschaft von Tod und Wiedergeburt verstärkt, die offenbar das Hauptthema der geheimen Zeremonien waren.

Die Mysterien von Eleusis bleiben aufreizend, verborgen und geheimnisvoll, obwohl es in alten Texten eine Unzahl von Anspielungen und Hinweisen gibt. Gewiss beinhalteten sie die Initiationszeremonien im Dunkeln, rituelle Opfer, und eine Versicherung, dass die Toten wiederauferstehen werden – genau wie die Erde im Frühling wieder vor Leben strotzt.

Eine heilige Hochzeit zwischen dem lebenspendenden Regen und der Erde, aus der alles Leben entsteht, bildete den Höhepunkt dieser feierlichen Riten. Der

Bischof von Amaseia schrieb im 5. Jh. n. Chr. folgenden Kommentar zu den Mysterien:

> *Wird dort nicht der Abstieg*
> *in die Dunkelheit aufgeführt, die*
> *verehrte Vereinigung des Hierophanten*
> *mit der Priesterin, von ihm allein*
> *mit ihr allein?*
> *Werden da nicht die Fackeln gelöscht*
> *und glaubt nicht das grosse und*
> *zahlreiche Publikum, dass in dem,*
> *was diese zwei im Dunkeln tun,*
> *ihre Rettung liegt?*

Macht und Resonanz dieser Zeremonien und der dazugehörigen Überzeugungen waren beträchtlich. Historiker berichten, dass diese Riten während zirka 2000 Jahren in Eleusis durchgeführt und erst im 4. Jh. n. Chr. offiziell ausgerottet wurden. Es gibt jedoch Hinweise, dass griechische Bauern auch im 19. Jh. noch der Grossen Mutter die Ehre erwiesen.

OBEN *Pompeijanisches Fresko eines sich liebenden Paares, das die ungehemmte Haltung der antiken griechischen und römischen Gesellschaft zeigt.*

UNTEN *Dieser kretische Stierkopf stellt die männliche sexuelle Energie dar und kann mit dem Kult des Dionysos in Verbindung gebracht werden.*

RECHTS *Fresko einer Prozession in Knossos, Kreta. Die jungen Männer umgeben eine fröhliche Priesterin. Die minoische Kultur bleibt geheimnisvoll, doch die Göttin als elegante Naturkraft scheint in ihrem Zentrum gestanden zu haben.*

LINKS *Eine Mänade tanzt mit einem dekorierten Stab, der phallische Energie darstellt (Relief auf einem Sarkophag).*

GANZ LINKS *Die Römer verehrten Dionysos ebenfalls. Hier wird er auf einem römischen Sarkophag dargestellt, wie er eine Mänade küsst.*

UNTEN *Eine Mänade tanzt sich zu Ehren des Dionysos in ekstatische Trance.*

DIONYSOS UND DIE MÄNADEN

Die facettenreiche Gestalt des Dionysos, Gott der Ekstase, des Weins und des Korns, taucht in vielen Formen im ganzen Mittleren Osten auf. Als Säugling war er in Eleusis ein Symbol der Wiedergeburt; als Erwachsener stützte sich sein Kult auf das Thema des endlosen Zyklus von Tod und Regeneration, und seine heiligen Riten waren blutig, orgiastisch und ausschweifend. Seine Ursprünge könnten prähistorisch sein, da er eine schamanische Figur ist, deren Überleben im antiken Griechenland ein Beweis seiner archetypischen Macht darstellt.

Indra Sinha, ein Experte der klassischen und mittelalterlichen indischen Literatur, schreibt: «Die Verbindung zwischen dem indischen Shiva und dem griechischen Dionysos, ihre gesamte Identifizierung, wurde von Griechen und Indern schon lange anerkannt … insbesondere weisen sie darauf hin, dass sich die bacchischen Prozessionen mit Trommeln und Zimbeln und die Tänze der Sydrakoi glichen»[80] (ein alter Stamm, den Alexander der Grosse in Indien traf).

Dionysos trägt einen phallischen Stab mit einem Pinienzapfen *(thyrsus)* an der Spitze und wird von einem klar östlichen Panther oder Tiger begleitet. Er streift durch die Wälder und Berge. Seine Priesterinnen, die Mänaden oder Bacchantinnen, waren wirklich wilde Frauen – ihre göttlich inspirierte Raserei jagte den Männern einen grossen Schrecken ein, denn man sagte ihnen nach, sie jagten und zerrissen Tiere, und manchmal Menschen, mit ihren blossen Händen. Diese Riten zelebrierten die Zerstückelung des Gottes selbst und seine unvermeidliche Erneuerung.

In echt tantrischer Art berauschte Dionysos seine Anhänger. Wie Robert Calasso schreibt: «Dionysos kommt und nimmt.»[81] Seine sexuelle Natur war anarchisch, und er war auch bekannt als der «Herr des weiblichen Geschlechts». Die Tatsache, dass Dionysos immer mit Frauen verbunden ist, zeigt, dass er auch ein Sohn oder Geliebter der früheren Grossen Göttin ist, und sie für seine Erneuerung braucht. Auf dem Olymp sitzt er neben dem intelligenten, logischen Apoll und symbolisiert die verstörenden Kräfte, die dem rationalen Denken und Verhalten gegenüberstehen: «Der Phallus des Dionysos … will nicht berauschen, um Wachstum zu fördern; vielmehr stützt das Wachstum erst den

EVA PRIMA PANDORA

Rausch, so wie der Stiel den Kelch.»[82] Und was Apollo der ewigen Sonne ist, ist der sterbende und wiedererstehende Dionysos dem zu- und abnehmenden Mond.

Solche Kräfte besitzen nicht nur archetypische Bedeutung, sondern sind auch der Transformation in Erleuchtungserfahrungen fähig, wie Prof. E. R. Dodds zu Euripides schreibt: «... wir ignorieren das Verlangen des menschlichen Geistes nach dionysischen Erfahrungen zu unserem eigenen Schaden. Für diejenigen, die ihre Gedanken davor nicht verschliessen, kann eine solche Erfahrung eine Quelle geistiger Macht und Eudämonie sein. Aber diejenigen, die dieses Verlangen in sich selbst verdrängen oder dessen Befriedigung anderen verwehren, transformieren es dadurch in eine zerstörerische Kraft.»[83]

LINKS *«Eva Prima Pandora» von Jean Cousin dem Älteren (1490–1560). Dieses mittelalterliche Bild ist von der Macht des griechischen Mythos beeinflusst.*

KAPITEL 9
Die Göttin und das Römische Reich

GANZ RECHTS *Eine nackte Bacchantin, Anhängerin des Bacchus, tanzt mit Zimbeln. Bacchus ist die römische Version des Dionysos.*

Das «glorreiche Rom» bestand während tausend Jahren und war zuletzt ein ausgedehntes Reich. In spiritueller Hinsicht waren die Römer tolerant und pragmatisch, übernahmen die Gottheiten, die sie in anderen Ländern vorfanden und passten sie an. Nur selten drängten sie den Eroberten ihre eigenen Kultformen auf. Folglich florierten Myriaden von Kulten, darunter auch die weitverbreiteten Kulte der Isis aus Ägypten und der anatolischen Kybele. Beide Kulte drangen bis nach Frankreich vor, wo man Kybele in Lyon und Isis in Paris besonders verehrte. Andere Gottheiten stammten von den Griechen – Dionysos wurde zu Bacchus, Aphrodite zu Venus, Demeter zu Ceres und so weiter.

Isis und Kybele waren besonders bei Frauen sehr beliebt. Beide Kulte kannten Zeiten ritueller Enthaltsamkeit und solche mit klar erotischen Festen und Zeremonien. Viele Priesterinnen der Isis lebten aus eigenem Entschluss keusch, aber der Kult enthielt mehr als nur einen Anklang an heilige Prostitution. Juvenal (ein römischer Satiriker, etwa 60–130 n. Chr.) bemerkte, dass ihre Priesterinnen «nicht besser als Kupplerinnen» seien und Isis selbst eine bevorzugte Göttin der römischen Huren darstelle.

In sexuellen Belangen scheinen die Römer ebenso offen gewesen zu sein; zahlreiche Kaiser neigten zur Degeneration. Der viktorianische Historiker William Sanger schrieb über sie: «Es braucht beträchtliche Nachforschungen, um in der langen Liste … einen einzigen Namen zu entdecken, der nicht von übelsten Gewohnheiten befleckt war.» Transvestismus und Prostitution beider Geschlechter wurden als Teil des täglichen Lebens akzeptiert; mehrere Kaiser liebten es, sich in Frauenkleidern zu zeigen, so auch der berüchtigte Nero, Commodus und Elagabalus, der sich besonders gerne als Göttin Venus verkleidete.

• • •

DER ZAUBER DER VENUS

• • •

Venus, lateinisch für Aphrodite, leitet sich aus einem Wort für Entzücken oder Anziehung ab. Der älteste Stamm ist das Verb «verehren»: «Ursprünglich bedeutete es den sakralen Akt des Anlockens oder Verführens von etwas, das jenseits der menschlichen Macht liegt.»[84] Venus behielt ihre Verbindung mit Eros, doch dieser verlor viel von seiner ursprünglichen Macht und wurde schliesslich allgemein als geflügelter, mutwilliger Junge, Venus' Sohn Cupido, dargestellt.

Als römische Göttin war Venus Schutzherrin der Gärten und Weingärten, der Liebe, Natur und der Prostituierten. Venus Volgivava (Venus das Strichmädchen) war einer ihrer bildhafteren Namen. Ihre verblassenden Verbindungen zu den heiligen sexuellen Praktiken wurden im Tempel der Venus Erycina am Rande der Stadt Rom verehrt. Er war dem Tempel auf dem Berg Eryx in Sizilien nachgebaut, wo die heilige Prostitution jahrhundertelang blühte.

Am 23. und 25. April versammelten sich Prostituierte beiden Geschlechts im Tempel, um Venus Erycina als ihre Schutzherrin anzuerkennen und ihr zu huldigen. Mit zunehmender profaner Prostitution wurde das Tempelareal zu einem bekannten «Rotlicht-Distrikt».

RECHTS *»Der Triumph der Venus« von Francesco Podesti (19. Jh.). Venus/Aphrodite stellt einen weiblichen Archetypen dar.*

TVRANTI … FIXIT APIS
… SAEVIS ET PETITVRA …
… DOLORE NOCET

• • •

KYBELE – MAGNA MATER

• • •

Mutter aller Götter
Mutter der Sterblichen
Sing für mich
von ihr, Muse,
Tochter des mächtigen Zeus,
ein helles Lied

Sie liebt das Klappern der Rasseln
das Getöse der Becken
sie liebt das Wehklagen der Flöten

und sie liebt auch das Heulen der Wölfe
und das Knurren helläugiger Löwen.[85]

Kybele, von den Römern auch Magna Mater (Grosse Mutter) genannt, war eine wilde und schreckliche Göttin. Ihr Todesaspekt und ihre Vorliebe für Lärm und Blutopfer erinnern an die indische Göttin Kali. Die Verehrung der Kybele als Mutter der Götter und aller Lebewesen breitete sich über ganz Kleinasien und bis nach Westeuropa aus. Die Phrygier hatten sie im 13. Jh. v. Chr. nach Anatolien gebracht, doch offenbar war der Kult weitverbreitet, mit Verbindungen nach Lydia (in der Südtürkei) und nach Mesopotamien, wo ihr Name Kubaba war («Herrin der Tauben» – ein aufgrund seines offenen Paarungsverhaltens der Venus/Aphrodite heiliger Vogel).

Kybeles Totemtier war der Löwe oder der Leopard, und sie wurde von ihrem Sohn/Geliebten, dem Hirten Attis, begleitet, der wie alle Gemahle der Göttin jährlich geopfert und wiederbelebt wurde. Kybele wurde auf Rat der Sibyllinischen Bücher am 4. April 204 v. Chr. nach Rom geholt, als die Stadt von der Invasion durch Hannibals Truppen bedroht war. Diese Bücher, Niederschriften der Prophezeiungen der legendären Seherinnen, wurden von den Römern zu Rate gezogen wie das Orakel zu Delphi von den Griechen. Das Bild der Kybele wurde mit allem gebührenden Pomp nach Rom getragen. Hannibal wurde besiegt und die Göttin sicherte sich einen Ehrenplatz in der Stadt.

Attis ist als Kybeles Gefährte einer der zahlreichen Vegetationsgötter, die als Symbol des ewigen Lebens sterben und wieder auferstehen müssen. Die Priester der Kybele kastrierten sich mit sichelförmigen Messern zu Ehren ihrer wilden Göttin und der Geschichte von Attis' Verdammung. Im Mythos liebte Kybele Attis und befahl ihm, ihr treu zu sein. Aber er wurde versucht, sie mit einer Baumnymphe zu betrügen. Nachdem seine Lust befriedigt war, erkannte er, was er getan hatte, und wurde vor Reue wahnsinnig.

OBEN *Anatolische Kybele, eine wilde Göttin.*

GANZ LINKS *«Venus mit Cupido als Honigdieb» von Lucas Cranach.*

UNTEN *Attis und Kybele, die in einem von Löwen gezogenen Wagen fährt.*

OBEN *«Die Entdeckung des echten Kreuzes» von Johann Georg Rudolphi. Eine Darstellung der Legende der ehemaligen römischen Prostituierten St. Helena.*

Als Attis verblutete, wuchsen Veilchen aus seinem Blut, und er wurde in eine Pinie verwandelt. Der Baum mit den Veilchen war ein zentrales Motiv in den Mysterien der Kybele, während nun aber der phallische Pinienzapfen ein Symbol des Attis wurde – entsprechend dem Pinienzapfen auf dem Thyrsus des Dionysos. Kein Römer durfte Priester der Kybele werden.

Die Hauptriten von Kybele und Attis waren so blutrünstig und ekstatisch wie diejenigen des Dionysos. Ihr Fest hiess Megalensia oder Spiele der Grossen Mutter. Einer der zentralen Bestandteile war das Taurobolium, die Opferung und rituelle Kastrierung eines Stiers, der Attis darstellte. Initianden wurden in seinem Blut

Dazu verstümmelt er seinen Körper mit einem scharfen Stein. Sein langes Haupthaar schleifte er durch den schmutzigen Staub, und er rief aus: Ich habe es verdient, dieses Blut ist die gerechte Strafe! Ah! Weg mit dem Körperteil, der mir das Elend brachte! … Dann entmannte er sich, und von dem Augenblick an blieb kein Zeichen seiner Männlichkeit an ihm zurück. Dieser Wahnsinn wurde zum Beispiel, das weichliche Gefolge schneidet sich die Körperteile ab, die es verachtet, und es schüttelt dabei wild die Haare.[86]

getränkt, das sie neu beleben sollte; nach dem Ritual galten sie als wiedergeboren. In Rom «starb» Attis am 24. März, dem Tag des Blutes, an dem rasende männliche Anhänger sich kastrierten. Seine Wiederbelebung wurde am folgenden Tag, den Hilarien, gefeiert, einem grossen Karneval mit lauter Musik, Festgelagen, Orgien und sexueller Ausschweifung.

• • •

FLORA UND DAS FIEBER DER LIEBE

• • •

46 v. Chr. wurden die Hilarien gemäss dem Julianischen Kalender auf den 1. Mai verlegt. Dieses Datum ist bis heute in ganz Europa der Tag der grossen Frühlingsfeiern. In Rom wurde es bekannt als das Fest der Göttin Flora, die sogenannten Floralien, die wie die früheren Hilarien eine wilde Feier von Sexualität, Leben, Tanz und Musik waren.

Dies war jedoch keineswegs der Höhepunkt des römischen Jahres. Ein weiteres erotisches Frühlingsfest waren die Lupercalien, eine Feier der Juno Februata, Göttin des Fiebers der Liebe. An diesem Tag schickten junge Männer den Frauen Liebesbriefe, der Ursprung der Jahrhunderte später aufgekommenen Valentinskarten. Viele Männer paradierten in den Strassen in Frauenkleidern, vermutlich zu Ehren des weiblichen Prinzips. Diese Bräuche dauerten bis in christliche Zeiten fort, als die Kirche den Valentinstag erfand, um die bestehenden Gebräuche zu übernehmen und zu heiligen.

Die Hilfe der Juno wurde auch in Liebesangelegenheiten angerufen. Catull (87–47 v. Chr.) beschreibt das Gebet einer jungen Frau an «Juno des Geburtstages», die die Göttin um die Liebe eines bestimmten Mannes bittet.

UNTEN *Juno, in Griechenland als Hera bekannt, Göttin der Ehe und als Juno Februata auch Göttin der Fieber der Liebe.*

Heute ist sie ganz dein;
freudig hat sie sich für dich
geschmückt, vor deinem Altar zu stehn
ein schöner Anblick allen …
Sie bringen dir Opfer, heilige Göttin,
dreimal mit Kuchen, dreimal mit Wein …
Sie brennt wie der Altar
mit züngelnden Flammen
und wenn sie auch wollte
ganz kann sie nicht [dein] sein. Sei
dankbar, Juno, damit diese Liebe, wenn
das nächste Jahr kommt,
nach langem Bestehen,
unverändert sein mag, ihre
Gebete erhörend.[87]

Die Bacchanten stellen auch eine der vielen Verbindungen zwischen Rom und dem antiken Griechenland dar. Bacchus, die lateinische Form des Dionysos, Gott des Weines und der Ekstase, war ursprünglich auch ein Gott der Frauen, obwohl zu seinem mythischen Gefolge später auch ziegenfüssige Satyrn gehörten – Symbole der virilen Libido. Seine wilden, lauten Feiern, die Bacchanalien, wurden in Rom 186 v. Chr. verboten, im 1. Jh. nach Chr. aber wieder eingeführt.

• • •

SIBYLLEN UND JUNGFRAUEN

• • •

Zwei der wichtigsten spirituell-sexuellen Verbindungen Roms mit der archaischen Vergangenheit sind die vestalischen Jungfrauen und die legendären Sibyllen oder Prophetinnen. Die Römer befragten während Jahrhunderten die Sibyllen oder ihre Schriften, die dem Delphischen Orakel der Griechen entsprachen. Die erste Sibylle soll die Tochter einer Schlangenfrau (der Lamie) mit Zeus gewesen sein. Eine Legende sagt, dass die Lamie einen luxuriösen Palast in Korinth besass, was vielleicht ihre sinnliche und verführerische Person mit dem Tempel der Aphrodite in derselben Stadt verbindet.

Die Sibyllen waren meist jung, und vor einer Wahrsagung fielen sie in eine ekstatische Trance, in der sie mit dem Gott Apollo kommunizierten. Vergil (70–19 v. Chr.) gibt in der *Aenäis* folgende Beschreibung:

«Fordre das Schicksal
Jetzt! Denn der Gott, o siehe, der Gott!» –
Und als sie am Eingang
Solches gesagt, da wandeln sich plötzlich
Mienen und Farbe,
Flatternd löst sich das Haar, keucht
schwerer die Brust, und im Wahnsinn
Schwillt schon wilder das Herz; und
Höher scheint sie zu wachsen, Irdisches
tönt nicht ihr Mund, da die Kraft des
nahenden Gottes
Sie mit dem Hauche berührt.

GANZ LINKS *Die Göttin Flora wurde mit wilden Frühlingsfesten geehrt, die auf die frühesten bekannten Riten der heiligen Sexualität zurückgehen.*

LINKS *Die Göttin Hera, Frau des Zeus, wurde bei den Römern zu Juno.*

OBEN *Dieses römische Mosaik zeigt Dionysos, einen der vielen griechischen Götter, die von den Römern übernommen wurden.*

Die Sibyllen bevorzugten Höhlen, entsprechend den Wohnstätten der archaischen Göttinnen. Der Tempel der Vestalinnen war rund wie die Erde und das weibliche Prinzip und symbolisierte den Schoss der Göttin. Er hatte ein Dach aus Bronze und enthielt kein Bildnis der Göttin, denn «Vesta und die Erde ist dasselbe, beider Substanz ist das ewige Feuer, und die Erde und der Herd sind Symbole für ihre Göttin.»[88]

Die sechs vestalischen Jungfrauen waren ausgewählte Priesterinnen der Vesta (griechisch Hestia). Ihre heilige Pflicht war es, die Flammen im Herd, Symbol des lebendigen Herzens der Stadt Rom, am Leben zu erhalten. Ihre rechtliche Stellung entsprach derjenigen der Prostituierten-Priesterinnen Sumers, Babyloniens und Griechenlands, doch sollten sie während den dreissig Jahren, die sie der Göttin dienten, keusch bleiben. Ovid begründet dies mit Vestas eigener jungfräulicher Natur: «Erkenne also Vesta als nichts anderes denn als die lebende Flamme, du siehst keine Körper, die aus einer Flamme entstanden sind. Mit Recht ist sie also eine Jungfrau; weder empfängt sie noch gibt sie einen Samen zurück, und sie liebt für ihr Gefolge die Jungfräulichkeit.»[89]

Die Vestalinnen wurden vom Hohenpriester, dem Pontifex Maximus, im Alter zwischen sechs und zehn aus den einflussreichsten Familien ausgewählt. Plutarch schrieb, dass sie während der ersten Dekade ihre Pflichten erlernen, während der zweiten die erlernten Pflichten ausüben, und während der dritten anderen diese Pflichten beibringen mussten. Dann, nachdem die dreissig Jahre vorüber waren, konnten sie heiraten und ein anderes Leben beginnen. Ihre Jungfräulichkeit zu bewahren war manchmal schwierig und führte zu zahlreichen Skandalen. Im Jahre 114 v. Chr. wurde ein Tempel der Venus Verticordia (Venus, die die Meinung ändert) geweiht, um die Freisprechung von zwei Vestalinnen zu feiern, die ihr Keuschheitsgelübde gebrochen hatten. Aber schuldiggesprochene Priesterinnen erlitten ein schreckliches Schicksal – sie wurden in einer kleinen Kammer unter den Stadtmauern lebendig eingemauert.

UNTEN *Darstellung einer üppigen Sibylle in nachdenklicher Haltung, 19. Jh.*

OBEN *«Kaiser Konstantin I. und seine Mutter», St. Helena (Yilani-Kirche, Cappadocia).*

GANZ RECHTS *Eine Vestalin mit der ewigen Flamme.*

Einige Historiker, darunter Barbara Walker,[90] sagen, dass die Vestalinnen eine Art heimlicher Hochzeitszeremonie mit dem Pontifex Maximus vollzogen, wodurch sie in ihre Rolle als «Bräute» der Stadt und der phallischen Gottheit des Palladiums eingeführt wurden. Ein weiterer Hinweis auf heilige sexuelle Riten ist der Frühlingsbrauch der Vestalinnen, kleine Puppen in den Tiber zu werfen, genau wie der Körper von Aphrodites Liebhaber Adonis symbolisch in Flüsse und Meere geworfen wurde.

• • •

HEILIGE UND HUREN

• • •

In der römischen Kultur bestanden heilige und profane Sexualität nebeneinander. Die Prostitution trug kaum ein Stigma, obwohl Huren sich in den *aedile* registrieren lassen mussten. Unter den zahlreichen Kategorien der angebotenen Dienste konnten immer noch Überreste heiliger sexueller Rituale ausgemacht werden. Die Raserei der Mänaden widerhallte in den heulenden Schreien der *lupae,* die wie Wölfinnnen heulten, um potentielle Kunden anzulocken.

Zeitlose Verbindungen zwischen sexueller Ekstase und dem Tod wurden von den *busturariae* verkörpert, die auf den Friedhöfen arbeiteten und mit ihren Kunden auf Grabsteinen verkehrten, aber auch ihre Dienste als Klageweiber anboten. Die klarste Verbindung zwischen Heiligem und Profanem waren die *aelicariae,* Mädchen, die kleine Kuchen in der Form männlicher und weiblicher Genitalien als Opfergaben für Venus verkauften.

Für zwei ehemalige römische Kurtisanen war ihr früherer Beruf kein Hindernis auf dem Weg zu Macht und Ruhm. Theodora, Schauspielerin, Komödiantin, Tänzerin und Prostituierte wurde Kaiserin des östlichen Römischen Reichs. Sie war die Tochter einer Tänzerin und eines Bärenführers im Hippodrom von Konstantinopel. Der römische Senator Justinian verliebte sich so in sie, dass er seinen Onkel, Kaiser Justinian, bat, das Gesetz zu widerrufen, nach dem Senatoren keine Prostituierten heiraten durften. Im 6. Jahrhundert n. Chr. wurde Theodora dann wirklich Kaiserin, worauf sie ihren Mann dazu brachte, die Gesetze über die Prostitution zu ändern, und sie errichtete ein Kloster für ehemalige Prostituierte. Ihr Portrait auf

OBEN *Die Kaiserin Theodora war zuerst Prostituierte und wurde dann eine devote Christin; Mosaik (Kirche von San Vitale, Ravenna, Italien).*

einem Mosaik in der Kirche von San Vitale in Ravenna, Italien, zeigt sie standesgemäss mit Juwelen überladen und bildet eine stillschweigende Anerkennung einer Macht, die über ihre Herkunft und ihren früheren Beruf hinausgeht. Wieder einmal finden wir das Bild einer Prostituierten in einem Tempel.

• • •

DIE HEILIGE HELENA

• • •

Die mächtige Mutter des Kaisers Konstantin, die heilige Helena, hat ihren Sohn mit ihrem beträchtlichen Einfluss dazu gebracht, das Christentum anzuerkennen. Geoffrey of Monmouth, ein Historiker des 12. Jahrhunderts, behauptete, sie sei eine britische Frau gewesen, Tochter des Königs Ceol von Colchester, und das walisische *Mabinogion* beschreibe sie als Prinzessin, Braut des selbsternannten römischen Kaisers Magnus Maximus, der durch einen Traum zu ihr geführt worden war. Sie war früher Kurtisane und wurde dann zu einer devoten Frau, die mit 70 nach Jerusalem pilgerte, um das echte Kreuz zu suchen. Die Legende sagt, dass sie in einer Krypta unter dem ehemaligen Tempel der Aphrodite drei Kreuze fand – eines für Christus, und je eines für die mit ihm gekreuzigten Diebe. Um herauszufinden, welches der Kreuze das richtige war, befahl sie, auf jedes eine Leiche zu legen. Das echte Kreuz brachte den Körper ins Leben zurück.

Diese Geschichte enthält so viele Bestandteile alter heidnischer Göttinnenkulte – die heilige Prostituierte, das phallische regenerative Kreuz, die Anwesenheit Aphrodites – dass es kaum überrascht, wenn zu Helenas Zeit (328 n. Chr.) nie davon berichtet wurde. Im ganzen komplexen Labyrinth von Mythos, Märchen und Legende, das sich im Verlauf der Jahrhunderte verdichtete, stehen immer dieselben Motive im Vordergrund.

GANZ RECHTS *Die jungfräuliche Herdgöttin Vesta mit einem Speiseopfer.*

OBEN *Pompeijanisches Fresko, das vermutlich den Gott Merkur darstellt, der fliegend eine Frau umarmt.*

KAPITEL 10

Die Jungfrau, die Hure und die Königin der Dämonen

GANZ RECHTS *Die cumäanische Sibylle, eine mythische Gestalt, die in christlicher Kunst und Ikonographie erscheint und so die Kulturen der Griechen, Römer und Christen in Europa miteinander verbindet.*

Denn ich bin die Erste und die Letzte.
Ich bin die Verehrte und die Verhöhnte.
Ich bin die Hure und die Heilige.
Ich bin die Ehefrau und die Jungfrau.
Ich bin (die Mutter) und die Tochter.
Ich bin die Glieder meiner Mutter …
Ich bin die unverständliche Stille und der Gedanke, dessen Erinnerung häufig ist.
Ich bin die Stimme mit dem vielfältigen Klang und das Wort mit der vielfachen Erscheinung.
Ich bin die Äusserung meines Namens.

«THE THUNDER, PERFECT MIND»[91]

Bilder des göttlichen Weiblichen und die sexuellen Geheimnisse, die sie begleiteten, gab es während Jahrtausenden. Und während Jahrhunderte patriarchaler Moral und Sitten den Status der lebenden Frauen gründlich untergraben haben, konnten sie die Anwesenheit der Göttin und ihrer Mysterien nicht so einfach ausrotten. Die Macht und potentielle Numinosität der Sexualität wurde während Jahrtausenden anerkannt und gefeiert. Und die Figur der Göttin der tausend Namen und ihres Geliebten war in den Herzen und Gedanken ihrer Anbeter tief verwurzelt. Diese Bilder spiegeln eine Idealisierung der menschlichen sexuellen Liebe, die Mysterien der Fortpflanzung und die transformierenden Eigenschaften des Vergnügens. Doch das jüdisch-christliche Dogma wollte diesen Glauben verändern – wörtlich und symbolisch «der Natur ein Schnippchen schlagen».

Was geschah also mit diesen Glaubensinhalten und spirituellen Übungen? Sie veränderten sich subtil und erschienen in kirchlichen Darstellungen; in symbolischen Gemälden; in Legenden, Geschichten und Märchen – und lebten weiter in esoterischen Lehren und heilig gemachten heidnischen Zeremonien. Das Bild des göttlichen Weiblichen dauerte (teilweise) in der Jungfrau Maria fort – Fleisch gewordene Reinheit. Doch was ist mit den Schwarzen Madonnen? Was bedeuten sie? Das Gewirr von Aberglauben und Legenden um diese Figuren als Maria Magdalena, Königin von Saba, Eva und Lilith weisen auf eine tiefe Unzufriedenheit mit der Jungfrau allein hin. Entsprechend versuchten die neuen Monotheismen die männliche Sexualität zu kontrollieren. Wieder fanden die alten Fruchtbarkeitsgötter – Vegetationsgottheiten für Männer – ihren Weg. Ihre Bilder drangen wie Rauch durch einen Türspalt in den neuen Glauben. Und so wurde der Wilde Mann, eine äusserst heidnische Gestalt, in Kirchen in ganz Europa gemalt. Ganz allgemein gaben die gewöhnlichen Leute ihren Glauben nicht leicht auf, trotz der moralischen Zensur der etablierten Kirche. Die Erosion des Heidentums und seiner Feiern der Fruchtbarkeit und des sexuellen Vergnügens zog sich über viele Jahrhunderte. Erfolg schien im 19. Jh. in Europa, Nahem und Mittlerem Osten und den Vereinigten Staaten beschieden. Doch auch eine beiläufige Sondierung unter dem Lack der Wohlanständigkeit wird eine blühende sexuelle Subkultur zutage fördern – wenn auch eine erniedrigte und scheinheilige. Die Kirche Englands gestand der Jungfrau Maria viel weniger Gewicht zu als die römisch-katholische, und das Konzept der göttlichen Weiblichkeit hatte im 19. Jahrhundert in protestantischen Kreisen ein nie dagewesenes Tief erreicht. Diese ganze Periode ist in Europa gekennzeichnet durch die industrielle Revolution. Als die Menschen in die Städte strömten, um dort ihren Lebensunterhalt zu verdienen, beschleunigte diese kollektive Trennung von der Natur die Unterminierung des göttlichen Bildes des Weiblichen, da es so stark

CVMANA QVÆ PROPHETAVIT ADVENTVM

OBEN *Die Schwarze Madonna von Tschenstochau, eine der geheimnisvollen schwarzen Madonnen in europäischen Kirchen, die sie mit viel älteren Göttinnen verbinden.*

GANZ RECHTS *Symbolische Darstellung der Madonna mit Kind («Szenen aus dem Leben Jesu» von Beato Angelico).*

in den Jahreszeiten und den «animalischen» Instinkten verwurzelt ist. Interessanterweise gipfelte diese Periode in einer Zeit, in der Frauen sich wieder zu bestätigen begannen, indem sie das Stimmrecht und die Anerkennung ihrer Gleichheit verlangten.

Die Geschichte der Jungfrau Maria als Ikone kann mit dem Kampf der Frauen um Anerkennung und Akzeptanz verbunden werden. In Ephesos, wo die schreckenerregende Gestalt der vielbrüstigen Artemis so lange geherrscht hatte, bekam die Jungfrau Maria 431 n. Chr. ihren Titel *Theotokos* (Mutter Gottes). Der Kult der Jungfrau Maria florierte im ganzen Mittelalter und danach. Sie übernahm die Eigenschaften und Titel der Göttinnen vor ihr: zum Beispiel Himmelskönigin (unter anderen Ishtar und Isis), die gesegnete Jungfrau (Juno), Stella Maris (Isis) und Königin der Hölle (Persephone, Ereshkigal). Sie galt und gilt immer noch als milde und wohltätige Vermittlerin zwischen den Menschen und ihrem Gott.

Der eine Aspekt dieser Göttinnen, den sie nicht übernahm, war deren Sinnlichkeit und ungehemmte Sexualität. Sogar ihre Mutterschaft wurde von den frühen Kirchenvätern heruntergespielt oder angezweifelt. Epiphanius sagte: «... niemand soll Maria anbeten.» Die sexuelle Weiblichkeit, nun sündig und verdammt, wurde von einer seltsamen Mischung von Gestalten getragen: Eva, der ersten Frau, der exotischen Königin von Saba, der dämonischen Lilith und vor allem der archetypischen reuigen Hure mit dem Herzen aus Gold, Maria Magdalena. Die Sexualität der männlichen Gottheit wurde auch als teuflisch verfolgt, aber männliche Potenz und Fruchtbarkeit sollten nicht so umfassend verleugnet werden wie die zahllosen Darstellungen des Wilden Mannes in europäischen Kirchen bezeugen.

EVA UND LILITH, DIE VERSTOSSENEN

Wie wir gesehen haben, ist nach der Bibel Eva Adams Frau im Garten Eden. Aber gemäss früheren hebräischen Überlieferungen hiess Adams erste Frau Lilith und wurde gleichzeitig mit ihm erschaffen – die Geschlechter waren also gleich.

Als Lilith den Garten verliess (siehe S. 136) wurde sie eine gefährliche und dämonische Ausgestossene, eine schreiende Eule oder ein Nachtmonster – Symbol der unterdrückten weiblichen Instinkte und Sexualität. Eva, die weniger Unruhe stiften sollte als Lilith, wurde von der Schlange überlistet. Dieses Tier ist ironischerweise ein altes Symbol der Göttin; durch seine Rolle wird die alte Ordnung dämonisiert.

Die Schlange überzeugte Eva, die Frucht des Baumes der Erkenntnis zu essen und mit ihrem Mann zu teilen. Dies erzürnte Gott derart, dass er das unglückliche Paar nicht nur aus dem Garten verstiess, sondern für alle Ewigkeit verdammte.

Gnostische Texte erzählen jedoch eine andere Geschichte. Sie sprechen von Eva als der «Mutter alles Lebenden», die Adam als ihren Gatten erschuf, während frühe jüdische Überlieferungen andeuten, dass Eva die Schlange *war* und die Mutter von Adam und Eva zugleich. Ähnlich sagte man den prophetischen griechischen und römischen Sibyllen nach, von der Schlangenfrau des griechischen Mythos, der Lamie, abzustammen.

Während Eva allgemein die Unterwerfung des

OBEN *«Eva» von Lucas Cranach (1472–1553). Eva, die Frucht des Baums der Erkenntnis und die Schlange symbolisieren die Präsenz der Vergangenheit in einer neuen Religion.*

GANZ LINKS *«Maria Magdalena» von Antonio Zanchi. Sie ist eine mächtige gnostische Verkörperung der weiblichen Sexualität, wird aber meist als Büsserin dargestellt.*

RECHTS *«Ein wilder Mann», 12. Jh. (Norwich Cathedral, England).*

UNTEN *Ein wilder Mann blickt von einer Dachrosette auf die Kirchgemeinde hinunter (Canterbury Cathedral, England).*

Weiblichen symbolisiert, steht Lilith für Rebellion, Wut und ein ungezähmte sexuelle Natur. Ihre Ursprünge sind sehr alt, manchmal wird sie als «Hand der Inanna» erwähnt, die Männer zur Anbetung der Göttin ermunterte. Sie ist auch ein sumerischer Dämon des Sturms, eine verführerische Succuba, Tochter oder Braut des Satans, und Adams heimliche Geliebte oder erste Ehefrau.

Lilith ist bezeichnenderweise immer heimatlos und wandert zwischen Himmel und Erde. *The Alphabet of Ben Sira,* ein kabbalistisches Werk des 11. Jahrhunderts, sagt, dass Adam und Lilith einst ein androgynes Wesen waren. Aber dieser Idealzustand konnte nicht andauern: «Adam und Lilith fanden zusammen keinen Frieden. Sie ... weigerte sich beim Geschlechtsverkehr unter ihm zu liegen, und stützte sich bei ihrer Forderung der Gleichheit auf die Tatsache, dass beide aus der Erde erschaffen worden waren.

Als Lilith sah, dass Adam sie unterwerfen wollte, äusserte sie den unaussprechlichen Namen Gottes und entfloh in die Lüfte. Schliesslich lebte sie in einer Höhle in der Wüste an den Ufern des Roten Meers. Dort gab sie sich zügelloser Promiskuität mit lasziven Dämonen hin und gebar täglich Hunderte von Lilims oder dämonischen Kindern.»

Im ältesten bekannten Bild der Lilith, einem sumerischen Basrelief, ist sie mit Flügeln und Vogelfüssen dargestellt, zu ihrer Seite Eulen und unter ihren Füssen zwei Löwen – die heiligen Tiere der Ishtar und der Kybele. Ihre Mächte nehmen während der Nacht, bei Neumond und während der mondlosen Zeit zu. Die Kabbalisten fürchteten ihre Macht und sagten, sie hätte sich «wie eine Hure» mit einem scharlachroten Kleid und glitzerndem Geschmeide geschmückt und mit einem Glas vergiftetem Wein bewaffnet, mit dem sie ihre unschuldigen männlichen Opfer verführte. Sie zeigten sie aber auch als ein Stadium der Initiation auf dem Baum des Lebens, und im 13. Jahrhundert beschrieben sie sie als «eine Leiter, auf der man zu den Sprossen der Weissagung aufsteigen kann.»

Die gnostischen Mandäer, Anhänger von Johannes dem Täufer, sagten, dass Lilith die Tochter von König und Königin der Unterwelt sei und den König des Lichts oder des Wissens heiratete. Ihr Sohn aus dieser Ehe kannte beide Welten. In den Pyrenäen wird sie mit der Legende von Noctiluca, Königin der Nachthexen, und den schwarzen Feen der Pyrenäen in Verbindung gebracht, die wie Lilith junge Männer packten und verführten, die so verrückt waren, nachts allein durch die Berge zu reisen. In der pyrenäischen Kathedrale von St. Bertrand de Comminges hat Lilith ihren Weg in die Kirche gefunden: ein Relief zeigt sie dort als geflügelte, vogelfüssige Frau, die eine dionysische Gestalt, den Wilden Mann, gebiert.

• • •

DER WILDE MANN

• • •

Der Wilde Mann, Erzeuger der Vegetation, Aspekt des gehörnten Gottes der Kelten und direkter Abkömmling des Dionysos, erscheint in zahlreichen christlichen Kirchen in ganz Europa. Wie er auch immer dargestellt ist – manchmal allein, manchmal unter einem Bild der Jungfrau mit dem Kind, manchmal jung und kräftig, manchmal alt und abstossend – sein Bild ist eines des Todes und der Wiedergeburt und steht in Verbindung mit den mysteriösen alten Religionen.

Die seltsame Geschichte des Bischofs Nicetus (526–566 n. Chr.) könnte den Anfang der stillschweigenden Aufnahme des Wilden Mannes in die christliche Kirche darstellen. Als Bischof Nicetus die grosse Kathedrale in Trier im heutigen Deutschland wiederaufbaute, benutzte er wie viele andere frühe Baumeister die Steine, die schon von den heidnischen Tempeln her vorhanden waren, in diesem Fall des römischen Tempels am Herrenbrünnchen. Darunter befanden sich einige riesige Kapitelle mit roten und gelben Blattmasken, den beblätterten Köpfen des Wilden Mannes. Diese Säulen wurden in der neuen Kathedrale gut sichtbar plaziert (sie wurden im Mittelalter eingemauert, aber im 19. Jahrhundert wiederentdeckt).

UNTEN *Lilith, Adams erste Frau, dargestellt als geflügelte Göttin mit Vogelfüssen (2000–1800 v. Chr.).*

RECHTS *Wodehouse-Tanz, ca. 1390. Heidnische Tänze hielten die alten spirituellen Überzeugungen am Leben.*

GANZ LINKS *Ein modernes Bild des Malers Robert Burns illustriert einen Vers aus dem «Hohelied».*

Diese Vegetationsgottheit hat eine lange Geschichte in der kirchlichen Kunst und Ikonographie. In seinem Buch *The Green Man* weist William Anderson darauf hin, dass es eine «... enge Analogie zwischen der sexuellen Natur eines Mannes und der sich windenden Vegetation» gibt, und zitiert verschiedene Beispiele von offen sexuellen Bildern in der Kathedrale von Chartres in Frankreich, in der Lincoln Cathedral und in romanischen Kirchen in Frankreich, Spanien und Grossbritannien. «Männliche und weibliche Figuren zeigen ihre Genitalien, die oft stark übertrieben dargestellt sind, Paare kopulieren oder geben sich homosexuellen Praktiken hin. In zahlreichen dieser Beispiele sind mit diesen Figuren Pflanzen und Köpfe oder ... Figuren Wilder Männer abgebildet.»

• • •

DIE KÖNIGIN VON SABA UND DAS HOHELIED SALOMOS

• • •

Braun bin ich, doch schön,
ihr Töchter Jerusalems.

DAS HOHELIED, 1; 5

Die Königin von Saba ist wie der wilde Mann mit Lilith und der Göttin der Liebe verbunden. Das *Alte Testament* erzählt die Geschichte des Besuchs der Königin von Saba beim weisen König Salomon «mit sehr grossem Gefolge, mit Kamelen, die Balsam, eine gewaltige Menge Gold und Edelsteine trugen» (1. Buch der Könige, 10; 2). Diese Geschichte bezieht sich auf eine Zeit, als die Verehrung eines Vatergottes, Jahwe, die alten Praktiken des Göttinkultes noch nicht völlig ersetzt hatte. Salomons senile Zuwendung zu seinen 700 Frauen und 300 Konkubinen wird verurteilt, weil er aus Schwäche Jahwe den Rücken kehrte und sich wieder Ashtoreth (oder Ishtar), der Hure Babylon, zuwandte. Die Königin von Saba stellt ihrerseits sowohl die Göttin als auch deren Kultur dar. Wie Barbara Walker schreibt: «Was von Salomos Regierung und seinen Taten berichtet wird, muss als eine Legendensammlung interpretiert werden, die aus Ägypten, Phönizien und besonders dem südlichen Arabien – dem Lande Saba, in dem unter einer Reihe matriarchaler Königinnen ein wirkliches goldenes Zeitalter erblühte – zusammengetragen wurde.»[92]

Die verführerische Königin von Saba, oder «Königin des Südens», war in mittelalterlichen Legenden und Allegorien eine unwiderstehliche Figur. Man sagte von ihr, sie sei eine der Sibyllen gewesen, die Christi Kreuzigung voraussagten, und habe wie Lilith einen Schwimmfuss oder die haarigen Beine einer Eselin oder einer Ziege gehabt, die Salomon mit seinen magischen Kräften menschlich machen konnte. Wie Marina Warner bemerkt: «... in der jüdisch-christlichen Überlieferung stellte die Sexualität den wesentlichsten Ort der Gefahr dar». Die Missbildung der Königin und deren Heilung bedeuten daher «nicht nur ... ihre Anerkennung des wahren Gottes, sondern kündigen die Möglichkeit einer wundersamen Rettung ihrer Weiblichkeit an.»[93]

Andere Legenden erzählen, dieses exotische Paar sei ein Liebespaar geworden oder habe geheiratet und einen Sohn gehabt, einen Erben ihrer Weisheit und ihres Reichtums. Es bleibt eine Aufzeichnung einer heiligen Hochzeit in der Bibel, ein Fragment zärtlicher Liebespoesie, die spätere Kirchenautoritäten als Allegorie von der Heirat Christi mit der Kirche bezeichneten. Das sogenannte *Hohelied* feiert die erotische Liebe zwischen «der Rose von Scharon und der Lilie der Täler» und ihrem Geliebten, bekannt als Salomon,

OBEN *«Salomo und die Königin von Saba» aus der Winchester-Bibel.*

der von seiner Mutter (der Priesterin) gekrönt wurde «am Tage seiner Herzensfreude», dem Tag seiner heiligen Hochzeit mit der schwarzen Königin.

Dieses schöne und sinnliche Gedicht beginnt mit dem Befehl der Geliebten: «Mit Küssen seines Mundes bedecke er mich. Süsser als Wein ist deine Liebe» (*Das Hohelied* 1; 2). «Schulammit», die Braut aus diesem Gedicht, preist ihren Geliebten in den eindeutigsten Worten: «Mein Geliebter ruht wie ein Beutel mit Myrrhe an meiner Brust». Ihr Geliebter lädt sie dann ein, im Frühling zu ihm zu kommen, der Jahreszeit, in der traditionell die Fruchtbarkeit der Göttin verehrt wurde:

Steh auf, meine Freundin,
meine Schöne, so komm doch!
Denn vorbei ist der Winter,
verrauscht der Regen.
Auf der Flur erscheinen die Blumen;
die Zeit zum Singen ist da.
Die Stimme der Turteltaube
ist zu hören in unserem Land.
Am Feigenbaum reifen die ersten Früchte;
die blühenden Reben duften.
Steh auf, meine Freundin,
meine Schöne, so komm doch!

DAS HOHELIED 2; 10–13

Diese poetische Verbindung der schwellenden Natur mit der erotischen Einladung bildet die Essenz der mystischen Sexualität. Diese Sichtweise hat uns heute, in einer zunehmend sterilen Welt, viel zu geben.

RECHTS *Die Grosse Hure auf einem siebenköpfigen Monster stellt eine biblische Interpretation der früheren Mythen der mesopotamischen Göttin Ishtar dar.*

OBEN *«Die Hure Babylon» aus der Luther-Bibel, ca. 1530.*

• • •

DIE SCHWARZE MADONNA UND MAGDALENA

• • •

Die Gefährtin des Heilands ist Maria Magdalena. Doch Christus liebte sie mehr als alle Jünger und pflegte sie oft auf den Mund zu küssen. Die übrigen Jünger waren beleidigt ... Sie sagten zu ihm: «Warum liebst du sie mehr als uns alle?» Der Heiland antwortete und sagte: «Warum liebe ich euch nicht so, wie ich sie liebe?»

GNOSTISCHES EVANGELIUM NACH PHILIP[94]

Die schwarze Madonna könnte das Urbild der chthonischen Göttin darstellen, Schulammit, die Braut aus dem *Hohelied* Salomos. Tatsächlich gibt es in Tindari, Sizilien, eine Statue der schwarzen Madonna, die die Inschrift trägt «nigra sum sed formosa» (Braun bin ich, doch schön). Wie der Wilde Mann ist auch sie in der Kathedrale von Chartres zu finden, wo sie Unsere Frau unter der Erde heisst. Orte, an denen die schwarze Madonna, oft als Wundertätige, verehrt wird, stehen meist in Zusammenhang mit dem Kult der Maria Magdalena – der reuigen Hure des biblischen Mythos und Christi geliebte Begleiterin gemäss den gnostischen Schriften. Die Gnostiker sagten, dass Jesus und Ma-

OBEN *»Die Schwarze Madonna« (18. Jh.), eine Figur, die geheimes Wissen im Herzen der Kirche vermuten lässt.*

ria Magdalena sich liebten und sich in die Berge zurückzogen, wo ihre sexuelle Entzückung den Jüngern enthüllte, was getan werden muss, «damit wir Leben haben können».

Die Legende erzählt, dass Maria Magdalena nach Frankreich segelte und in Les-Saintes-Maries-de-la-Mer an Land ging. Sie war von verschiedenen biblischen Gestalten begleitet wie Maria Salome, Maria, die Mutter des Apostels Jakob, und Sara, ihre schwarze ägyptische Dienerin – heute Schutzheilige der Roma und allgemein als Aspekt der Isis betrachtet. Maria Magdalena selbst soll eine Hohepriesterin der Ishtar oder Isis gewesen sein sowie die Mutter des Sohnes Jesu. Die Geschichten und Legenden um sie enthalten viele verwobene Ebenen und esoterische Hinweise auf ihre wahre Herkunft. Wer sie auch immer war, ob lebende Frau und/oder Göttinnengestalt, ihr Bild wurde wie das der schwarzen Jungfrau in den orthodoxen christlichen und weniger orthodoxen gnostischen Religionen verehrt.

Magdalena, der Wilde Mann, Lilith und die Schwarze Madonna sind ruhmreiche subversive Figuren, mit starken Verbindungen zu gnostischen Häresien, östlichen heterodoxen Gruppen sowie jüdischen und arabischen mystischen Traditionen. Die gebildeten Anhänger dieser verschiedenen Lehren hielten nicht nur die alten Überlieferungen lebendig, sondern entwickelten auch eigene komplexe Philosophien innerhalb dieser Traditionen. Inzwischen stellten die lebendigen visuellen und schriftlichen Bilder dieser symbolischen Gestalten – im Herzen der christlichen Kirche – sicher, dass die Essenz der Grossen Göttin und ihres Gemahls nicht für immer verloren ging.

KAPITEL 11

Der keltische Kessel der Erneuerung

Die Kelten bleiben ein geheimnisvolles Volk, da sie keine schriftlichen Zeugnisse hinterlassen haben. Ihre Legenden, Rituale und Mythen wurden nur mündlich weitergegeben. Mönche begannen sie erst Jahrhunderte später aufzuzeichnen; weitere Informationen kommen von römischen Beobachtern. Steinbilder und rituell vergrabene oder in Sümpfen versenkte Gegenstände vermitteln ebenfalls Bilder aus dem heiligen Leben der Kelten. Ihr Glaube mit Elementen aus angelsächsischen und klassischen Quellen bildet die Grundlage des heidnischen Kalenders mit seinen Feiern und seiner robusten Haltung gegenüber sexueller Lust und Freiheit.

Klassische Berichterstatter bezeichnen verschiedene Stämme als *keltoi;* zu dieser Gruppe gehören jedoch, mehr durch Sprache als rassische Abstammung, die walisischen, irischen, schottisch-gälischen, manxischen, kornischen und bretonischen Völker. Diese Gemeinschaften «stammten nicht von einer einzelnen Gemeinschaft kontinentaler Kelten ab ...»[95] Ausserdem gibt es zwei Zweige der keltischen Sprachen – Irisch, Schottisch und Manx (Goidelisch genannt); und Walisisch, Kornisch und Bretonisch (Brythonisch genannt).

Elemente wie magische Kessel, Priesterinnen, magische Königinnen und übernatürliche Inseln findet man in zahlreichen Erzählungen, aber die keltischen Gottheiten sind vor allem Naturgeister, die einen See, einen Baum oder eine besondere Höhle bewohnen.

• • •

DIE VERZAUBERTEN REICHE

• • •

Cäsar nannte Minerva als Göttin der Kelten und ordnete ihr den Bereich der Künste und Handwerke zu. Er assoziierte sie offensichtlich mit einer Göttin seines eigenen Pantheons, obwohl keltische Göttinnen mit der Gesamtheit des Lebens verbunden waren.

Feensagen, obwohl erst Jahrhunderte später niedergeschrieben, geben einige Hinweise auf keltische Bräuche – eine Göttin und ihr Gemahl, der gehörnte Gott der Jagd, scheinen in dieser nebligen Landschaft vertraute Gestalten gewesen zu sein. Die Feensagen gehörten ursprünglich zu der lebendigen mündlichen Überlieferung, deren Fäden unmöglich entwirrt werden können. In Irland sagt man bis heute, dass Feen in den alten Grabhügeln der Megalith-Völker leben.

Der König der Feen mit seiner Rotte
Kommt, ihn überall zu jagen
Mit Geschrei und Hörnerblasen
Und mit seinem Hundegebell ...

Sir Orfeo, ca. 1300[96]

Feen und andere Wesen aus den verzauberten Reichen bewohnten überall in Europa Hügel, Wälder und heilige Quellen; Orte, die einst den alten Erdreligionen heilig waren. In Britannien erzählte ein Gedicht von den neun Korrigen, schönen weissgekleideten Frauen, die im Licht des Vollmonds um einen Brunnen tanzten. Bei Tage jedoch waren sie weisshaarige, rotäugige alte Weiber. Weise alte Frauen wie die früheren Priesterinnen sollen auch geheime Schreine gehabt haben, wo sie jüngeren Frauen magisches Wissen weitergaben wie das Verändern der Gestalt, das Entfesseln von Stürmen sowie die «Riten der Venus» – oder die Liebeskünste, die der Göttin mit den tausend Namen immer heilig sind.

Keltische Göttinnen scheinen im allgemeinen drei Aspekte gehabt zu haben – die Mondphasen personifiziert als Jung-

frau, Mutter und altes Weib. Die Zahl drei und alle Vielfachen davon galten als magisch, und viele spätere Geschichten erzählten von Tieren mit drei Köpfen, von drei Wünschen, drei Jungfrauen und so weiter. Die keltischen Göttinnen hatten auch zwei gegensätzliche Aspekte – schön und abstossend – die sie willentlich annehmen konnten. Diese Dualität scheint die wechselnden Kräfte der Natur zu symbolisieren, die für das Wohlergehen früher Völker so wichtig waren, und vielleicht auch die unvoraussagbare Natur der Frau.

Viele Sagen keltischen Ursprungs erzählen, wie unter den richtigen magischen Umständen ein hässliches oder missgebildetes altes Weib in eine schöne Jungfrau verwandelt wird. Dieses Motiv weist indirekt auf ein Wissen über mystische Sexualität hin und hat etwas Alchemistisches an sich. Es gibt zwar keine Hinweise auf eine Liebesgöttin wie Aphrodite, aber göttliche Sexualität und Fruchtbarkeit wurden zweifellos in keltischen Festen, Volksbräuchen und Legenden gefeiert. Die Schöpferkräfte der Erde selbst, die einst von den Architekten der grossen Steinkreise und anderer Megalith-Monumente verehrt wurden, sind in den vielen Fragmenten der keltischen Kultur klar vorhanden. Die-

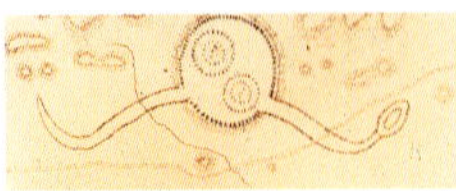

OBEN *Vorstellung eines religiösen Festes aus dem 19. Jh. Die geheimnisvollen Kelten inspirierten viele spätere Künstler.*

OBEN *Minerva, die römische Göttin, die von Cäsar fälschlicherweise als Göttin der Kelten bezeichnet wurde.*

se Völker lebten in einer Umgebung mit ehrfurchtgebietenden Relikten früherer Traditionen, und es ist nicht anzunehmen, dass sie davon nicht ein Stück weit beeinflusst wurden. Gewiss wurden die keltischen Gottheiten wie die Geister und übernatürlichen Wesen, die sie ersetzten, oft mit Wasser, heiligen Hainen und Totemtieren assoziiert – vor allem dem Eber, dem Hirsch, dem Hasen, dem Pferd und dem Raben.

• • •

DER GEHÖRNTE GOTT

• • •

Die Göttin: Schwarz die untere Stadt
Schwarz diejenigen, die darin leben,
Ich bin der Weisse Schwan
Königin alles Lebenden.

Der Gott: Ich will reisen als Gott,
Wie ein Hirsch, wie ein Hengst,
Wie eine Schlange, wie ein König,
Stärker als alle.

ANONYMES GÄLISCHES GEDICHT[97]

OBEN *Men-an-Tol (Cornwall, England). Diese heiligen alten Steine symbolisieren männliche und weibliche Genitalien.*

Die auffallendste keltische Personifizierung männlicher Potenz ist Cernunnos, eine tief im Altertum verwurzelte schamanische Gestalt. In ihrem Buch *Shaman, The Wounded Healer,* schreibt Joan Halifax: «Der Hirschbock, das Rentier und das Rotwild, Medien des magischen Transports des Schamanen, werden für Mittler zwischen Himmel und Erde gehalten. Ihre Geweihe, wegen der Art ihrer Erneuerung Symbole für Regeneration und Wachstum, werden oft mit dem Heiligen Baum und den Geheimnissen von Tod und Wiedergeburt in Verbindung gebracht.»[98] Bilder von geweihtragenden Schamanen kann man auf der ganzen Welt finden, während der Hirsch selbst in der schamanischen Überlieferung mit Heilung, visionären Trancen, Segen und grosser Fruchtbarkeit assoziiert wird.

Am Gundestrup-Kessel wird Cernunnos, der gehörnte grosse Gott, in einer Yogi-Stellung mit gekreuzten Beinen dar-

gestellt, mit der einen Hand eine widderköpfige Schlange haltend, die er durch einen Ring stecken will. «Dieses Tier ist ‹stärker magischen Sprüchen unterworfen als andere Tiere›, wie der *Malleus Maleficarum* sagt und es damit mit dem Penis in Verbindung bringt.»[99] Die Fruchtbarkeitsmagie des gehörnten Gottes wurde im England des 19. Jahrhunderts immer noch angerufen, wie der folgende Augenzeugenbericht zeigt:

Die jährliche Kirchweih in Abbot Bromley, einem Dorf am Rande des Needwood Forest, in der Nähe von Stafford, wird mit einem seltsamen Überbleibsel aus mittelalterlichen Zeiten gefeiert, dem Horntanz. Sechs Hirschschädel mit Geweihen auf kurzen Pfählen werden von grotesk aufgemachten Männern getragen, die zu einer lebhaften Melodie herumspringen und «den Hirsch», wie die Geweihe genannt werden, herumtanzen lassen. Ein anderer seltsam gekleideter Mann auf einem Steckenpferd hat eine Peitsche, mit der er die Hirsche ab und zu schlägt, um sie in Bewegung zu halten. Inzwischen gibt ein Mann mit Pfeil und Bogen vor, den Hirsch zu schiessen. Der Horntanz wurde an gewissen Sonntagmorgen vor dem Eingang zur Kirche aufgeführt, wenn eine Kollekte für die Armen gemacht wurde. Heute sind die Geweihe im Besitz des Vikars und werden zusammen mit Pfeil und Bogen und dem Gerüst des Pferdes sowie einem seltsamen Kessel für die Kollekte im Kirchturm aufbewahrt. Der Tanz findet nun am Montag nach der Kirchweih statt, das ist der Sonntag nach dem 4. September. Das Geld wird von einer Frau gesammelt, wahrscheinlich Maid Marion; der Schütze ist zweifellos eine Darstellung von Robin Hood; und neben diesen Figuren gibt es auch einen Spassmacher. Dr. Cox hat die Hörner untersucht und sie zu Rentierhörnern erklärt.[100]

LINKS *Der keltische Gott Cerunnos mit Kulttieren, dargestellt auf dem Gundestrup-Kessel. Er wurde in Dänemark gefunden und gilt als seltenes Beispiel keltischer Kunst.*

OBEN *Der gehörnte Gott der Kelten (13. Jh.).*

Gegen 300 Jahre vor diesem Bericht hatte ein anderer Altertumsforscher, ein Dr. Plot, diese Geweihe ebenfalls untersucht und auch als Rentiergeweihe identifiziert. Obwohl diese Tiere auf den Britischen Inseln seit dem 12. Jahrhundert ausgestorben sind, blieb der gehörnte Gott in Erinnerung – wenn auch die ursprünglichen Gründe für diesen rituellen Tanz vergessen waren. Zeremonien wie die oben beschriebene wurden zu Yuletid, den zwölf Weihnachtstagen, oft durchgeführt, die früher ein wichtiges Fest von Tod und Wiedergeburt gewesen waren. Im Jahre 7 n. Chr. erliess Theodor, Erzbischof von Canterbury, ein Edikt gegen solche Praktiken:

> *Wenn sich jemand an den Kalenden des Januar als Hirsch oder Stier verkleidet; das heisst, sich selbst zu einem wilden Tier macht und eine Tierhaut überzieht und den Kopf eines Tiers aufsetzt; wer sich auf solche Weise in eine Erscheinung eines wilden Tieres verwandelt, muss für drei Jahre Busse tun, denn dies ist des Teufels.*
>
> LIBER POENITENTIALIS

• • •

KELTISCHE PRIESTER UND PRIESTERINNEN

• • •

Die Druiden oder keltischen Priester gaben ihre esoterische Überlieferung mündlich weiter. Das Wissen ging durch eine lange Kette, die vermutlich ursprünglich weiblich war. Später gab es männliche und weibliche Druiden, weshalb sie von der christlichen Kirche angegriffen wurden. Ihre Zeremonien drehten sich um heilige Haine, wo sie besonders die mächtige Eiche verehrten. Strabo[101], eine der wenigen frühen Informationsquellen über keltische Gebräuche, behauptet, dass in diesen Hainen ähnlich wie in Griechenland orgiastische Riten mit Blutopfern abgehalten wurden.

Ein von Doreen Valiente beschriebenes altes Fruchtbarkeitsritual gibt vielleicht einen Schlüssel zur wirklichen Natur dieser Riten. Ein nackter Mann und eine nackte Frau tanzen sieben Mal um einen grossen Baum, «vorzugsweise eine Eiche», in einer symbolischen Verfolgung. Bei der siebten

Runde lässt sich die Frau fangen und das Paar liebt sich unter dem Baum. «Zum Schluss des Ritus wird ein Blatt vom Baum gepflückt und mit den sexuellen Säften aus der Vagina der Frau benetzt. Dieses Blatt gilt als mächtiger Talisman ...»[102]

Keltische Traditionen beinhalteten auch exklusive Schwesternschaften von Priesterinnen, die an die Vestalinnen des alten Rom erinnern. Ihre Aktivitäten können wir nur erraten, aber eine ihrer Pflichten bestand darin, in ihrem Schrein ein heiliges Feuer zu unterhalten. Diese Schreine wie zum Beispiel in Kildare in Irland waren Männern strikte untersagt. Der Name Kildare wird identifiziert mit der Göttin Kilda/Kele, später unter dem Namen Brigit bekannt. Kelle war auch ein Wort, das Hure bedeutete, und wird von Gelehrten mit der indoeuropäischen Göttin Kali in Zusammenhang gebracht. Als Kelle hatte die Göttin einen bewundernden Gemahl, dargestellt durch drei heilige Farben – Rot für Leben und schöpferische Kräfte, Weiss für Erhaltung und Schwarz für ihre Herrschaft über den Tod und die Zerstörung. Kelle war ein druidischer Priesterinnenname, der zu Kelly geworden ist – ein verbreiteter irischer Familienname.

• • •

DER GEIST DES WASSERS

• • •

Wo frisches Wasser fliesst, dort fliesst der Geist ... denn es kommt aus dem Reich der Erdgöttin und trägt ihre Gaben.[103]

Quellen, Flüsse und Seen waren für die Kelten und die heidnischen Völker nach ihnen heilig. Die Göttin Coventina (die Mutter der Coven) war mit ihnen besonders verbunden, wie Brigit oder Bride in Irland. Über Jahrhunderte wurden viele alte Quellen von Hüterinnen gepflegt, die Pilgern dabei halfen, die richtigen Rituale durchzuführen. Diese Funktion scheint vererbbar gewesen zu sein und könnte bis in vorchristliche Zeiten zurückgereicht haben. Andere heilige Gewässer sollen oft von weiblichen Geistern heimgesucht werden, weissen Frauen, Meerjungfrauen oder Feen, die deutlich auf die untergegangene Erinnerung an eine Göttin hindeuten.

Die irische Geschichte des Niall und seiner vier Brüder lässt vermuten, dass einst eine Art heiligen sexuellen Rituals mit den Quellen verbunden war. Diese fünf Männer begegneten einer hässlichen

LINKS *Coventina, Göttin der heiligen Wasser, aus denen alles Leben kommt.*

Hexe, die eine Quelle hütete. «Ihr Haar war wie der Schwanz eines wilden Pferdes. Ihr schmutzigen Zähne waren von Ohr zu Ohr sichtbar und sahen aus, als könnten sie einen grünen Eichenast abtrennen. Ihre Augen waren schwarz und ihr Nase breit und hakenförmig. Ihr Körper war voller Flecken und Geschwüre. Ihre Beine waren krumm. Ihre Knie und Fesseln waren dick, ihre Schultern breit und ihre Nägel grün.» Sie verlangte von jedem der Brüder einen Kuss als Bezahlung für das Wasser aus ihrer Quelle. Aber nur Niall war kühn genug. Er umarmte sie und wurde ihr Geliebter – worauf sie verwandelt wurde. «Sie war weiss wie der letzte Schnee in einer Mulde. Ihre Arme waren voll und königlich, ihre Finger lang und schlank, ihre Beine gerade und glänzend ...»[104]

Die dem Wasser zugeschriebenen Kräfte zeigen, wie wenig zwischen allen Manifestationen magischer Energie der alten Religion unterschieden wurde. Heilung, Wahrsagung, Verfluchung, Fruchtbarkeit und Sexualität waren mit diesen Orten ebenso verbunden wie mit den heiligen Hainen und anderen Orten. Mit der Zeit wurden die alten Rituale zur Anrufung göttlicher Hilfe Volksbräuche, doch Spuren der alten Kulte können immer noch darin erkannt werden. Viele fanden zum Beispiel an Daten keltischer Feste statt, insbesondere dem 1. oder 12. Mai, den Fruchtbarkeitsfeiern der Beltane, oder am Mittsommertag, dem Tag der Sommersonnenwendfeiern. Die heiligen Quellen waren an solchen Tagen besonders beliebte Pilgerorte. Sie wurden mit frischen Blumen und Blattwerk geschmückt und gesegnet. Dieser alte Brauch überlebt in Derbyshire, wo das kunstvolle Schmücken von Quellen mit Blumen immer noch ein jährliches Ereignis ist. Liebe und Fruchtbarkeit waren das spezielle Gebiet zahlreicher Quellen. Zwei keltische Quellen boten Dominanz über den Ehegatten – wer immer zuerst vom Wasser in Ffynnon Gyon, Glamorgan oder St. Keynes Well in Cornwall trank, würde die Führung übernehmen. Zu Neujahr und am 1. Mai galt der «Rahm» oder die «Blume» der Quelle – das erste geschöpfte Wasser – als besonders magisch. Es konnte Schönheit, Glück, einen schönen Ehemann, Schutz gegen Verfluchungen verleihen und sogar die Fähigkeit, zu fliegen.

Viele Quellen waren Wohnort von den Kelten heiligen Fischen, oft Forellen. Die *Fischblase,* ein spitzes Oval oder mandelförmiges Symbol, steht allgemein für *yoni* (dem tantrischen Begriff für Vulva) und den Schoss. Die Kelten glaubten, dass Fische die Empfängnis begünstigten – der mystische Held Tuan wurde von der Königin von Irland in seiner Form als Fisch gegessen; darauf brachte sie ihn erneut zur Welt.

• • •

JOHN THOMAS UND LADY JANE

• • •

Ich verlangte ein schwierigeres Hochzeitsgeschenk als je zuvor eine Frau von einem Mann in Irland verlangt hatte – das Fehlen von Bosheit und Eifersucht und Furcht ... Wenn ich einen eifersüchtigen Mann heiraten würde, wäre das falsch: ich hatte nie einen Mann, ohne dass ein anderer in seinem Schatten gewartet hätte.

Queen Mebdh und King Ailill, The Tain

Der vielleicht klarste Hinweis auf heilige sexuelle Rituale der Kelten kommt aus Irland, wo der König traditionell «das Land», personifiziert durch eine Göttin, heiratete.

GANZ LINKS *«Meerjungfrauen» von Arthur Rackham. Sie symbolisieren die fliessende Natur der weiblichen Sexualität und deren alten Verbindungen mit Wasser.*

OBEN *«Der mit Blumen geschmückte Main Well», Barlow (Derbyshire, England). Diese Tradition geht auf keltische Völker zurück, die damit ihrer Göttin huldigten.*

In Schottland scheint eine Königin Hermutrude ihren Geliebten «Königschaft» verliehen zu haben. Saxo Grammaticus, ein dänischer Historiker, schrieb: «Wen auch immer sie für würdig hielt, ihr Bett zu teilen, war sogleich König, und mit sich selbst gab sie ihr Königreich hin».

Heidnische Gebräuche unterstützen auch die Vorstellung einer heiligen Hochzeit zwischen Gott und Göttin. Die Maifeiern am alten keltischen Beltane-Fest (Helles Feuer) überborden vor sexueller Symbolik und Ritualen. Sie wurden von einem jungen Paar angeführt, abwechselnd bezeichnet als Maikönig und -königin, Herr und Herrin, oder John Thomas und Lady Jane. Das Beltanefeuer wurde in ritueller Art von neun Männern gemacht, die neun Sorten Holz sammeln mussten. Das Feuer musste mit Eichenzweigen angezündet werden, die früher den Druiden heilig waren; neun war eine magische keltische Zahl und in vielen Religionen der Göttin heilig.

Am Vorabend des Maitags (30. April oder 11. Mai gemäss dem alten Kalender) gingen Gruppen von Männern und Frauen in den Wald, um «Grünrücken zu machen», wie es zu Shakespeares Zeiten hiess. Sie kamen im ersten Morgenlicht zurück und trugen «Mai», das sind Weissdornblüten oder andere blühende Zweige. Diese wurden dann in den Hauseingang gelegt und sollten Glück bringen. Sie trugen auch den eindeutig phallischen Maibaum heim, um den heute noch getanzt wird. Philipp Stubbes beschreibt dies so: «Aber der grösste Schmuck, den sie von dort mitbringen, ist der Maibaum, den sie mit grosser Verehrung heimtragen … Dieser Maibaum (dieses stinkende Götzenbild vielmehr) ist über und über mit Blumen und Kräutern bedeckt und manchmal mit verschiedenen Farben bemalt … Dann beginnen sie zu hüpfen und tanzen um ihn herum, wie es die Heiden taten zur Verehrung ihrer Götzen, von denen dies das genaue Muster ist oder vielmehr das Ding selbst.»[105]

Traditionell dauerten die Maifeiern acht wilde Tage, und «zwischen den Beltanefeuern» geborene Kinder sollen die Fähigkeiten von Mensch und Tier und Macht über beide Reiche gehabt haben. Dies bezog sich ursprünglich wohl auf Kinder, die während der Feiern gezeugt wurden – wie im alten Griechenland unter ähnlichen Umständen gezeugte Kinder als Kinder der Götter galten, da niemand so sicher wusste, wer deren Vater war.

• • •

KÖNIG ARTUS UND KÖNIGIN GINEVRA

• • •

Die keltische Legende des Königs Artus mit ihren zahlreichen Variationen scheint sehr alt zu sein und gibt weitere Beweise für den Glauben an die Heiligkeit der Sexualität. Später wurde sie von den höfischen Minnesängern ausgeschmückt, deren bevorzugtes Thema sie war. Die ehebrecherische Liebe der Königin Ginevra für Lanzelot und Mordred erinnern an den früheren Brauch der Heirat zwischen König und Göttin. Lanzelot und Mordred waren beide Anwärter auf den Königsthron. Ginevra war Artus' Frau und Königin, aber die wirkliche Macht hatte sie in ihrer Rolle als initiierende Göttin. Ihr Geliebter zu werden verlieh daher mystische Macht – so wie die alten Könige Sumers nur dann herrschen konnten, wenn sie sich dem Ritual der heiligen Hochzeit mit der Hohepriesterin unterzogen, die ihrerseits die Göttin verkörperte. Die grosse Macht der Göttin wurde den Herrschern auf diese Art vermittelt. Ohne ihre «Zustimmung» in Form einer sexuellen Begegnung galt der Mann nicht fähig zu regieren. Symbolisch gesehen musste der Mann mit seinen eigenen Instinkten und Intuitionen (traditionell als weibliche Eigenschaften betrachtet) in Kontakt treten, bevor er die Verantwortung für das Leben anderer übernehmen konnte. In diesem Sinne war sie ein sexuelles Objekt, aber auch viel mehr – ein Symbol und ein Talisman von Britannien und seiner Souveränität und, auf der tiefgründigsten Ebene, eine Repräsentantin der alten Göttinnen. In Deutschland hiess Ginevra auch Cunneware, was «weibliche Weisheit» bedeutet, eine Eigenschaft, die sie als Maikönigin, als Zauberin oder als dreifache Göttin der Kelten darstellte.

Die tiefere Bedeutung der Romanze König Artus' wird in mittelalterlichen Gedichten und Geschichten nur angedeutet. Einen Schlüssel gibt die Namenssymbolik – Artus heisst «himmlischer Bär», und Uther Pendragon (sein Vater) «Drachenkopf», was eindeutig astronomisch ist. Der Polarstern als Zentrum der Welt, Mühlstab des Universums und Zeigerspitze der Erdachse ist umgeben vom Sternbild Ursa Ma-

UNTEN *Dies ist ein Bild von Brueghel dem Jüngeren (1564–1638). Der phallische Maibaum überlebte alle Versuche, heidnische Feiern abzuschaffen.*

OBEN *Der Tierkreis mit den symbolischen Kreaturen jedes Sternbildes am Nachthimmel, von Albrecht Dürer (Wien, 1515).*

GANZ RECHTS *«Artus in Avalon», von Edward Burne-Jones. Der sagenumwobene keltische König wurde von einer Göttin geboren und heiratete sie in der Form von Ginevra.*

jor (dem Grossen Bären) und Draco (dem Drachen). Alpha draconis, der Kopf des Drachens, ist der hellste Stern im Draco. Die Stellung des Polarsterns wird bestimmt durch Beobachtung der beiden Sternbilder. Der Mythos von Artus und seiner Nachfolge sind daher eine Beschreibung des Übergangs des Polarsterns vom Drachen zum Bär. Seine Herkunft steht mit der neunfachen Seegöttin in Verbindung, die ihn zu Merlins Füssen ans Ufer warf.

Artus war nicht nur von der Göttin geboren worden, er heiratete sie auch. Seine Legende ist daher ein Symbol des Vergehens der Zeitalter. Seine Ritter, die für immer an der legendären Tafelrunde sitzen, besassen heilige Qualitäten, die die Männer und Frauen der alten Zeiten und des Mittelalters idealisierten. Vor allem aber stellten Artus und seine Königin die mythische Qualität dar, die in uns allen und unseren Beziehungen liegt.

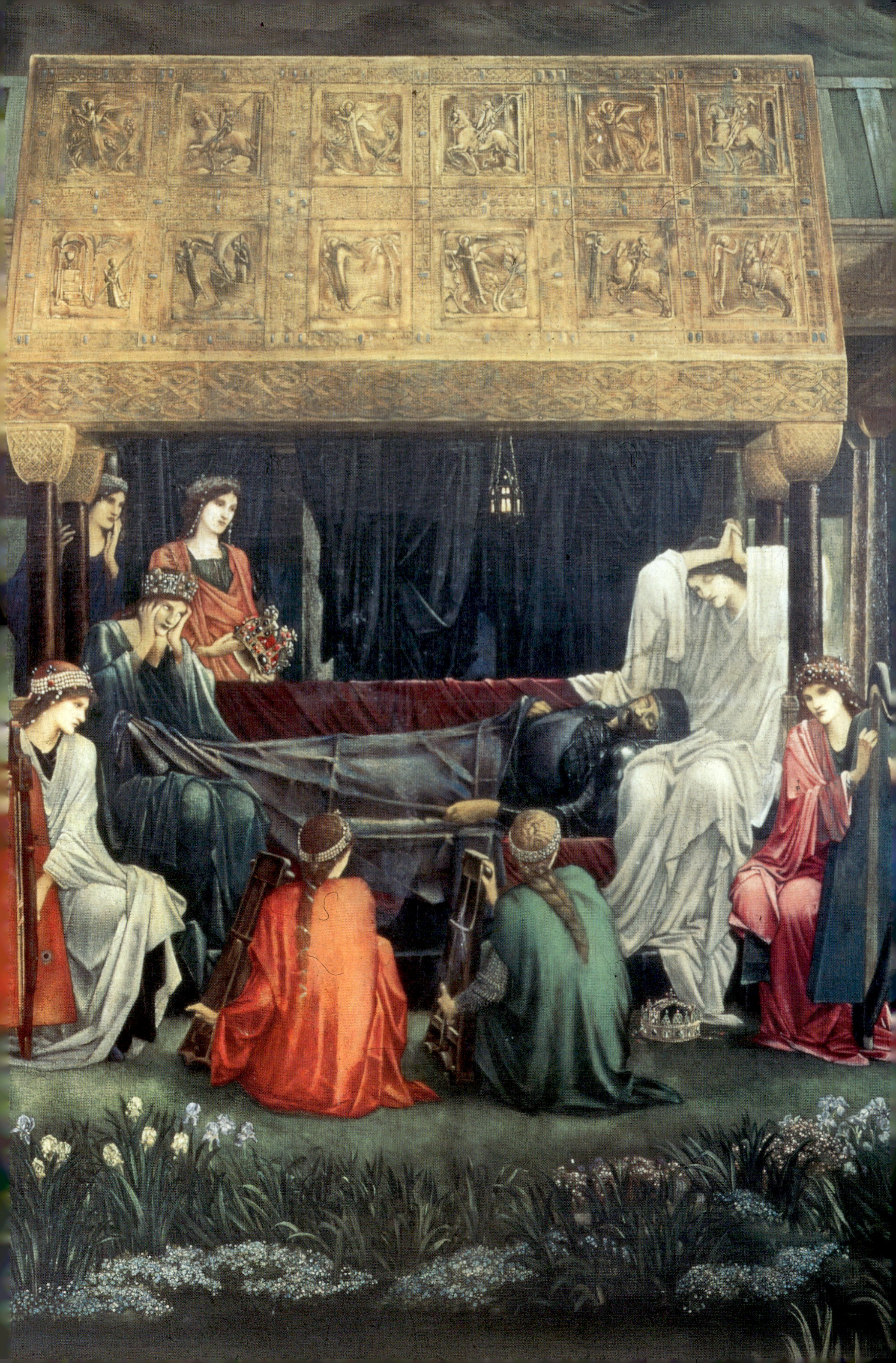

DAS HEIDNISCHE JAHR

UNTEN *Ein wilder Mann aus Joseph Strutts »The Sports and Pastimes of the English People« (1810).*

Das heidnische Jahr folgt einem ewigen Kreislauf von Festen jeder Jahreszeit. Viele davon sind immer noch vertraute Jahrestage. In Nordeuropa entstanden sie aus keltischen und angelsächsischen Überlieferungen, während einige der Themen universell sind und aus der Steinzeit stammen. Der heidnische Kalender folgt dem Jahreszyklus der Göttin als Jungfrau, Mutter und Weise Alte und die entsprechenden Rollen ihres Geliebten/Gemahls.

— FEBRUAR —

Faoilleach – Der Monat der wilden Wölfe
Angelsächsisch: Solmonath – der Monat der Kuchen, die der Göttin geopfert wurden.

Am *1. Februar* feierten die Kelten die Feste von Imbolc, der heiligen Brigit zu Ehren, und zu Candlemas *(2. Februar)* das Fest der Reinigung der Jungfrau Maria. Zu dieser Zeit kommt die Göttin als Jungfrau aus der Unterwelt zurück.

Dies ist der Tag der Bride
Die Königin kommt aus dem Hügel
Dies ist der Tag der Bride
Die Schlange wird aus dem Loch kommen.

— MÄRZ —

Gälisch: Earrach Geamraidh, Die Winterquelle
Angelsächsisch: Herthamonath – der Monat der Göttin Hertha
Der Monat der Frühlingstagundnachtgleiche.

— MAI —

Gälisch: Mios Bochuin – der schwellende Monat
Angelsächsisch: Thrimilic – der Monat, in dem Kühe dreimal täglich gemolken werden können.
Das Fest von Beltane beginnt am Vorabend des Maitags, am *30. April,* und bezeichnet den Sommeranfang. Die Göttin heiratet als Maikönigin den Wilden Mann, Herrn von Greenwood.

— JUNI —

Gälisch: An t'Og mhios – der junge Monat
Angelsächsisch: Litha – der Monat des Mittsommer-Mondes.
Die Sommersonnenwende fällt auf den *21. Juni,* eine Zeit, in der man übernatürliche Wesen für besonders aktiv und machtvoll hielt.
«Der Vorabend des Mittsommers heisst die Nacht der Hexen: und an vielen Orten werden in der Johannisnacht immer noch Feuer auf den Hügeln entzündet.»[106]

— AUGUST —

Gälisch: An Lugnasda – der Monat des Lammas-Fests
Angelsächsisch: Weodmonth – der Monat der Witwen
Das Fest des Lammas oder Lugnasadh, wenn das erste Korn geschnitten ist und der Kornkönig (John Barleycorn) wie alle Vegetationsgötter sterben muss.

Dann liessen sie ihn für eine lange Zeit
liegen
Bis der Regen vom Himmel fiel
Der kleine Sir John sprang aus seinem
Kopf
Und verblüffte sie bald schon alle.

John Barleycorn,
altes englisches Volkslied

— SEPTEMBER —

Gälisch: An Sultuine – der Monat der Fülle
Angelsächsisch: Halegmonath – der heilige Monat
Erntefeiern wurde in diesem Monat gefeiert und die letzten Korngarben stellten die Göttin als Kornmutter dar.
Monat der Herbsttagundnachtgleiche.

— NOVEMBER —

Gälisch: An t-Samhuinn – der Monat des Samhain-Festes
Angelsächsisch: Blotmonath – der Monat des Bluts
Das grosse Fest von Samhain, wenn die Göttin in die Unterwelt hinabsteigt und die Geister der Toten umgehen, beginnt zu Halloween, *31. Oktober.* Samhain ist der Beginn des keltischen Neujahrs.

— DEZEMBER —

Gälisch: An Mios marbh – der tote Monat
Angelsächsisch: Giuli – der Monat von Yule
Die Wintersonnenwende fällt auf den *21. Dezember,* einen dunklen Tag, der in vielen Kulturen eine Bedeutung hat als Fest des Todes und der Wiedergeburt. Yule war eine Zeit grosser sexueller Freiheit, in der die Menschen das Längerwerden der Tage feierten und sich auf den Frühling freuten.

♦

KAPITEL 12

Mittelalterliche Romantik

GANZ RECHTS *«Britomart und Amoret», ein imaginäres mittelalterliches Liebespaar, gemalt von Mary Raphael.*

«Schöne Frau», sagte er, «wenn es Euch gefiele und mir dieses Glück zuteil würde, dass Ihr mich lieben wolltet, (dann) könntet Ihr nichts befehlen, das ich nicht nach Kräften ausführe, ob es zu einer Torheit oder zu etwas Vernünftigem führt.»[107]

Marie de France, ca. 1175

Die romantische Entzückung war aus den keltischen Mythen und aus sexuellen Geheimnissen ältester Abstammung entstanden und wurde in Poesie gehüllt. Ihre Bilder sind voller anbetender Ritter, schöner Frauen und ehebrecherischen Liebesaffären – die populärsten darunter sind die Geschichten von Tristan und Isolde und Ginevra und Lanzelot. Diese Geschichten, angesiedelt in einer Zeit jenseits der Zeit, spiegeln die Spannung zwischen ehelicher Treue, den Verlockungen der erotischen Liebe und der unwiderstehlichen Macht der Leidenschaft.

Als die christliche Kirche im Mittelalter geistige und säkulare Macht gewann, wollte sie ihren Glauben allen aufdrängen. Die Frauen wurden mit grosser und nie erlahmender Energie herabgesetzt, denn sie galten als sündige, verführerische Wesen und besassen die einzige Macht, die die Kirche wirklich fürchtete – Sexualität. Grundlegende Triebe und Bedürfnisse haben jedoch eine magische Art, von selbst immer wieder an die Oberfläche zu dringen.

Im frühen Mittelalter feierten Troubadouren, Poeten und Minnesänger die Frauen und deren Liebe in einer Art, die die etablierte Kirche in Rage brachte – aber sie konnte es nicht unterdrücken. Nicht alle mittelalterlichen Philosophen und Kirchenmänner gingen mit Paulus, Hieronymus und Augustinus einig und rangen mit der Vorstellung, dass der Fall des Menschen direkt mit den Vergnügungen des Fleisches verbunden sei. Albertus Magnus zum Beispiel stellte fest, dass nicht das Vergnügen schlecht sei, sondern der Verlust der Vernunft – eine Ansicht, die auch Thomas von Aquin vertrat. Dieser hielt Begierde und Vergnügen nicht für an sich falsch, sondern sah das Böse darin, dass die rationalen Fähigkeiten in der sexuellen Ekstase untergehen.

• • •

DER GARTEN DER LIEBE

• • •

Sprache und Bilder der menschlichen Liebe wurden von den christlichen Mystikern benutzt, um Allegorien der göttlichen Liebe darzustellen. Zahlreiche feinsinnige Schriftsteller machten kaum eine Unterscheidung zwischen heiliger und profaner Liebe, während andere dachten, die von Gott verliehenen geistigen Gaben und Tugenden seien dieselben wie diejenigen, die ein Liebender von seiner Geliebten empfängt. Dies ist die Essenz des *amour courtois*. Richard von St. Victor, ein Mystiker des 12. Jahrhunderts, sah als Ziel des geistigen Wegs die «Engelsgleichheit», der alles spirituelle Leiden und Kämpfen galt. Er verglich die Aufgabe der Seele mit den Freuden und Qualen der Liebe: «Denn wenn er einmal in die lichtumflutete Glorie des Engelhaften gelangt ist … wie können wir uns seine heimlichen Liebessehnsüchte vorstellen, die tiefen Seufzer,

OBEN *Liebende werden oft in einem Garten dargestellt, Symbol einer kultivierten Natur und Metapher für die höfische Liebe.*

die unaussprechlichen Klagen!»

Diese Verehrung der göttlichen Eigenschaften der menschlichen Liebe wurden von der heiligen Hildegard von Bingen (1098–1179), einer der erstaunlichsten Mystikerinnen des Mittelalters, sehr delikat und gefühlvoll erforscht. Sie sah Frauen als Verkörperung der Liebe eines Mannes, der seinerseits von Gott inspiriert wurde. Eine lebende Frau ist daher die Mittlerin, die die Seele eines Mannes durch die Erfahrung der irdischen Liebe zur Erleuchtung führt, genau wie die sumerische Tempelhure den wilden Mann Enkidu zivilisiert und verfeinert, damit er ein «menschlicheres» Leben beginnen kann.

Hildegard, eine grosse Visionärin, schrieb von einer weiblichen Gestalt, einem unverwechselbaren Bild der grossen Göttin, die ihr in tiefer Kontemplation erschien: «Dann schien es mir, dass ich ein Mädchen sehe von strahlender Schönheit, mit einer so blendenden Helligkeit in ihrem Gesicht, dass ich sie nicht voll ansehe konnte. Sie trug einen Mantel weisser als Schnee, leuchtender als Sterne, ihre Schuhe waren aus reinem Gold. In ihrer rechten Hand trug sie Sonne und Mond, die sie liebevoll streichelte. Auf ihrer Brust hatte sie ein elfenbeinernes Medaillon, auf dem in saphirnen Umrissen das Bild eines Mannes erschien. Und alle Schöpfung nannte dieses Mädchen die höchste Herrin. Das Mädchen begann zum Bild auf ihrer Brust zu sprechen: ‹Ich war mit Dir am Anfang, in der Morgendämmerung Deiner Kraft und in der Helligkeit alles dessen, was heilig ist, ich gebar Dich aus meinem Schoss vor dem Stern des Tages.› Und ich hörte eine Stimme, die sagte zu mir: ‹Das Mädchen, das du schaust, ist die Liebe; sie lebt in der Ewigkeit.› »

Hildegard glaubte wie alle höfischen Liebhaber des Mittelalters, dass Männer und Frauen durch Liebe Göttlichkeit erreichen konnten, so dass «die ganze Erde ein einziger Garten der Liebe werden würde». Und diese Liebe musste ganz sein, ein vollständiger Ausdruck der Einheit, ausgedrückt durch Körper und Seele, denn, wie sie schrieb, «es ist die Macht der Ewigkeit selbst, die die physische Vereinigung geschaffen hat und bestimmt, dass zwei Menschen körperlich Eins werden sollen.»

• • •

DER RITTER UND DIE DAME

• • •

In dünner Kleidung, ein erfreuliches Bild,
Wenn der lose Rock von ihren Schultern fiel,
Und sie mich mit ihren langen, schlanken Armen umfing
Mir dann süsse Küsse gab
Und sanft sagte, «Liebes Herz, wie magst du das?»
Es war kein Traum; ich lag hellwach.

SIR THOMAS WYATT [108]

Die Welt der höfischen Liebe, Ritterlichkeit und Anbetung der Frauen – sowohl der lebenden als auch der göttlichen – entwickelte sich zwischen dem 10. und dem 14. Jahrhundert. Aus dem Orient zurückkehrende Kreuzritter brachten einen fri-

OBEN *Illustration aus «Roman de la Rose» (1487–1495), die den Liebhaber und die Dame Oyeuse darstellt.*

OBEN *Ein Bild zu einigen Gedichten der Christine de Pisan, einer frühen Feministin. Ein grosser Teil der höfischen Liebesdichtung stammte von Frauen.*

schen Wind in die triste Welt des Mittelalters. Als sich die Handelsrouten öffneten, kamen Seide, Satin, exotische Gewürze und Juwelen aus Spanien, der Türkei und der arabischen Welt. Luxus, Sinnlichkeit und Eleganz herrschten an den Höfen – und fanden ihren Ausdruck in Liedern, Balladen und Romanzen, die von den Troubadours von einem Schloss zum anderen getragen wurden.

Diese Verse bilden ein grosses, zu einem grossen Teil allegorisches literarisches Werk – es verbarg wie die Alchemie, eine weitere mittelalterliche Subkultur, das sexuelle Wissen des Ostens. Die Vereinigung von erotischen und spirituellen Impulsen, das Benennen und Personifizieren von Gefühlen und die Anerkennung der weiblichen Grazie und Weisheit fanden hier ihren Ausdruck. – Mächtige Edeldamen wie Eleanor von Aquitanien wurden zu Schutzherrinnen der Dichter und versahen sie oft mit dem Rohmaterial für ihre höfischen Liebesromane.

Chrétien de Troyes, eine der herausragenden Figuren des 12. Jahrhunderts, schrieb seine romantische Geschichte *Lanzelot und Ginevra* auf Geheiss der Gräfin der Champagne, einer Expertin der höfischen Liebe. Die Gräfin gab dem Dichter den Stoff und Anweisungen für die Darstellung: Lanzelot unterwirft sich seiner Königin völlig und wird zur Belohnung in ihre Kammer gelassen, wo er sie anbetet und vor ihr auf die Knie geht, bevor er seine gottähnliche Geliebte verlässt.

Marie de France, die vermutlich mit Eleanor von Aquitanien und Heinrich II. in Verbindung stand, war eine begabte Schriftstellerin derselben Zeit. Ihre Romane beinhalten eine ganze Reihe erotischer Themen und betonen oft den Wunsch der

Frauen, ihren Liebhaber selbst zu wählen und mehr als einen gleichzeitig zu haben. Die Heldin im «Lai vom schmerzensreichen Ritter« hat zum Beispiel vier. Es sind die Frauen, die den Männern sexuelle Angebote machen und ihre Liebe anbieten.

Die Liebespoesie der Troubadourinnen drückt häufig Bitterkeit über die flüchtigen Momente mit einem Liebhaber aus, aber auch die Freuden der Leidenschaft. Tibors, eine provenzalische Edelfrau des 12. Jahrhunderts, sagte zu ihrem Geliebten: «Ich war nie ohne Begierde, seit es Euch gefiel, dass ich Euch als meinen Geliebten habe.» Eine weitere Troubadourin, Beatriz de Diaz, sehnte sich nach einem Geliebten, den sie «bis zum Exzess» geliebt hatte:

Wie sehne ich mich danach, ihn nur eine
Nacht nackt an mich zu drücken –
könnte ich nur einmal sein Kissen sein,
er würde das Ausmass der Freude
nicht kennen …
Ich gebe mein Herz, meine Liebe,
meinen Geist, mein Leben, meine Augen.[109]

UNTEN *Lanzelot und Ginevra, deren ehebrecherische Liebe von vielen Dichtern und Sängern dieser Zeit gefeiert wurde.*

OBEN *«Der Lindwurm von Spindleton Heugh» (1881). Der Geist mittelalterlicher Romantik ist hier von Walter Crane festgehalten.*

OBEN *Troubadours auf einem elfenbeinernen Medaillon, 1325.*

RECHTS *Der heilige Johannes und die Grosse Hure sitzen auf dem Wasser.*

• • •

DER TANTRISCHE TRISTAN

• • •

Der Schriftsteller C. S. Lewis (1898–1963) glaubte, dass die vielen magischen Gestalten der höfischen Liebesdichtung wie Amor, Jalousie und Pite die alten Götter und Göttinnen sind. Die philosophischen Dichter der Schule von Chartres (12. Jh.) feierten und vergöttlichten die Natur als weibliche Figur. Die alte Ordnung hatte so lange geherrscht, dass sie nicht einfach vergessen werden konnte, und je abstrakter Gott wurde, desto mehr sehnten sich die Leute nach dem Trost des weiblichen Göttlichen und suchten nach Wegen, es in die Mythologie der Kirche einzubauen.

Wahrscheinlich brachten einige der Kreuzritter esoterischere Geheimnisse aus dem Orient mit, die ihren Ursprung im tantrischen *maithuna* hatten, d.h. dem Zurückhalten des männlichen Orgasmus. Wir wissen, dass die höfische Liebe mehr als nur eine Vorstellung war – Ritter und Troubadouren hatten wirklich Liebesbeziehungen zu ihren auserwählten Damen. Lindsay Clarke nennt die höfische Liebesdichtung «tantrische Schriften des Westens.»[110] Ein weiterer Schriftsteller, Edward C. Whitmont, vermutet «... ein zeitweiliges Auftauchen geheimer religiös-

RECHTS *Tristan und Isolde, deren Tragödie ein bevorzugtes Thema der höfischen Liebesdichtung war.*

JMS
1876

OBEN *Geflügelte Herzen als Symbole romantischer Umwerbung flattern um zwei junge Frauen in einem Garten.*

erotischer Praktiken im Dienste der Gottheit.»[111]

Im Kult der höfischen Liebe ist die Frau wie die tantrische Shakti sexuell erfahren und ohne Hemmungen. Sie unterweist ihren Liebhaber, er aber «muss fähig sein, sich zurückzuhalten – denn es wäre unschicklich, seine sexuelle Ungeduld zu zeigen ...».

Die erste gemeinsame Nacht des Paares war gemäss verschiedenen Quellen einem Ritual gewidmet, das mit Liebkosungen und Küssen das instinktive Verlangen des Mannes anregte und gleichzeitig zurückhielt, während es das Vergnügen der Partnerin immer grösser werden liess. Sexuelle Zurückhaltung war auch nach der Penetration erforderlich. «Ein echter Liebhaber muss das Interesse seiner Geliebten hundert Mal mehr suchen als sein eigenes», sagte ein Dichter, während andere auf eine Technik namens *drudaria* oder *druerie* hinweisen, die «eine westliche Version des tantrischen *maithuna* gewesen sein muss, das Sakrament des coitus reservatus.»[112]

Tristan, der Geliebte der Isolde, gibt einen anderen verwirrenden Hinweis, wenn er seinen Namen in Tantris ändert. Die höfische Liebe sollte die Menschen verfeinern, das Weibliche aus der Dunkelheit, in der es während dem dunklen Zeitalter schmachtete, hervorholen und vor allem die Freuden der Liebe in ihrer ganzen Fülle zu feiern.

Wer da sagt, dass Liebe Sünde sei,
Der soll erst folgendes betrachten:
Recht viele Tugenden liegen darin,
Bei denen wir zu Recht alle verweilen sollten.

Walther von der Vogelweide,
deutscher Minnesänger
(ca. 1170–1230)

LINKS *Detail aus den Illustrationen des berühmten «Roman de la Rose» (15. Jh.).*

UNTEN *Zwei mittelalterliche Liebende aus dem «Tacuinum sanitatis».*

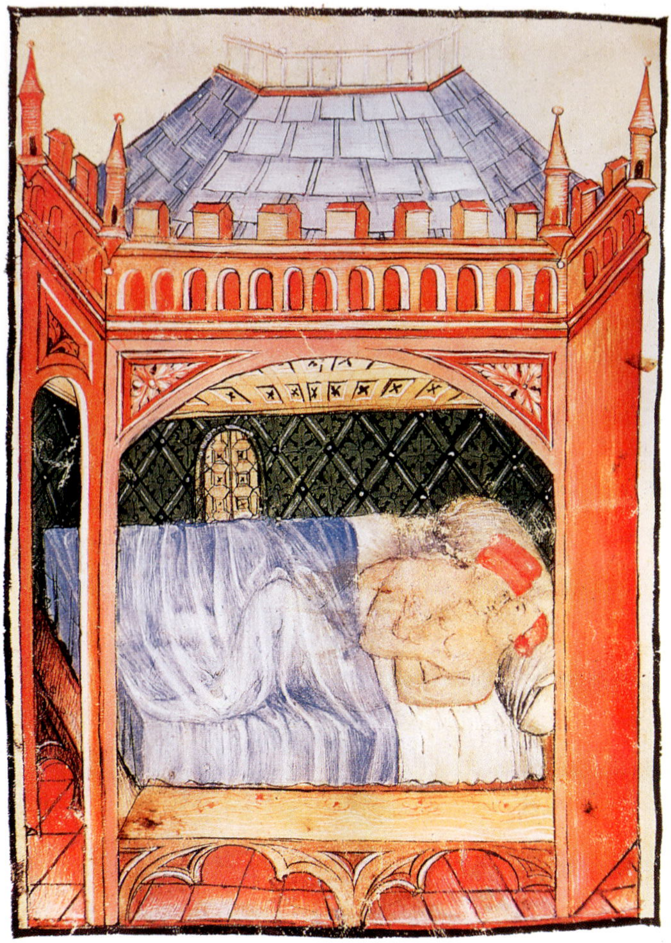

♦

KAPITEL 13

Die alchemistische Hochzeit

OBEN *Das erste Stadium des alchemistischen Werks: Melanosis oder Schwärzung.*

OBEN *Zweites Stadium des alchemistischen Werks: Leucosis oder Weissung.*

GANZ RECHTS *Aus der «Smaragdtafel» von Janitor Pansophus, 1677. Die lebhafte Symbolik zeigt die alchemistische Maxime «Wie oben, so unten», die auch andere Philosophien durchdringt, wie etwa Astrologie und Tarot.*

DIE ALCHEMISTEN WAREN FÜR DIE INNERE WELT OFFEN UND PROJIZIERTEN IHRE INNEREN WAHRNEHMUNGEN AUF ÄUSSERE SYMBOLE. SO FANDEN SIE EINE UNIVERSELLE SPRACHE JENSEITS DER WORTE, IN DER SIE IHRE ERFAHRUNGEN DER SEELE MITTEILEN KONNTEN.[113]

Die geheimnisvolle und symbolhafte alchemistische Subkultur blühte während Jahrhunderten. Zwischen dem 13. und dem 18. Jahrhundert entstand ein umfangreiches literarisches und künstlerisches Werk, das viele esoterische Geheimnisse gleichzeitig enthüllte und verbarg. Das Werk der Alchemisten war sowohl mystisch als auch wissenschaftlich (ihre Experimente auf der Suche nach dem «Gold» führten zur Entwicklung der Chemie, wie wir sie heute kennen), aber die Verehrung für ihre Arbeit, die ständige Betonung der Notwendigkeit von Gebeten und Geheimhaltung sowie des Leidens lassen vermuten, dass an ihrer Kunst mehr war als ein oberflächliches Studium der Schriften enthüllen könnte.

Der grosse und mystisch veranlagte Psychologe Carl Gustav Jung verbrachte viele Jahre mit dem Studium alchemistischer Texte. Er hielt sie für eine Allegorie der menschlichen Suche nach Ganzheit und spiritueller Entwicklung und bemerkte, dass die geläufigen christlichen Lehren der damaligen Zeit nicht die geringste Antwort auf die vielfältigen Rätsel des Menschen und seiner Seele gaben. Die Alchemisten spürten der Vergangenheit und der Göttin nach, und es war ihnen bewusst, dass eine grosse, unbekannte Natur, von den ewigen Wahrheiten der Kirche unbeachtet, drängend nach Anerkennung verlangte.[114]

Die Alchemie hat in jeder Hinsicht mit Transformation zu tun. Sie begann mit dem Urchaos um die *prima materia,* aus dem der Lapis – das Endziel des Werks, der Stein der Weisen – am Ende zahlreicher Stadien hervorgeholt wurde. Viele dieser Stadien haben sexuelle Symbole: der bisexuelle Hermaphrodit erscheint als zentrale Figur, und die *coniunctio* oder heilige Hochzeit symbolisiert den wichtigsten Vorgang. Es gibt kaum einen Zweifel daran, dass die alchemistischen Lehren magische sexuelle Geheimnisse enthielten. Durch ihre Komplexität konnte die Alchemie gewiss auch andere Mysterien in poetische Allegorie kleiden, die nur ein Eingeweihter durchschauen konnte.

Die *prima materia* als Ausgangsmaterial des alchemistischen Werkes wurde in vielen Dingen gefunden, von denen einige zu den alten Symbolen des Weiblichen gehören – wie das Wasser, der Maitag, der Mond, das Chaos, das Meer, das Blut, die Erde, die Mutter und die Venus. Die Krönung der alchemistischen Suche wurde oft als Sapientia oder Sophia, das heisst als Göttin der Weisheit oder Sirene der Philosophen, personifiziert. Diese hatte auch die Form des «göttlichen Kindes», des sogenannten *filius philosophorum* – ein Symbol des roten Lebenselixiers, des kostbaren Goldes der Erleuchtung. Viele Texte erwähnen den Alchemisten und seine «mystische Schwester», mit der zusammen er den Tau sammelte und im Labor arbeitete. Auch sie musste geheimhalten, wie sie die «Substanzen» im schossförmigen Kessel erhitzten und abkühlten, wuschen und trennten.

יהוה
ANNVS VENTORVM-ANNVS SOLARIS-ANNVS STELLATVS-
Mercurius Philosophorum Mercurius corporum Mercurius Vulgaris
Sulphur Fixum Sulphur Æthereum Sulphur Combustibile
Sal Centrale Sal Elementorum Sal Terrenum
Ignes Quatuor ad opus reperiuntur

OBEN *Eine androgyne Gestalt, Metapher für die Vereinigung männlicher und weiblicher Energien.*

OBEN *Das dritte Stadium des alchemistischen Werks: Xanthosis oder Gelbung.*

OBEN *Das vierte Stadium des alchemistischen Werks: Iosis oder Rötung.*

DIE WASSER DER VENUS

Die Vereinigung von männlich und weiblich, König und Königin, Sonne und Mond ist für das alchemistische Werk wichtig und tritt in mehreren Stadien des *opus alchymicum* in Verbindung mit den Stadien der Wiedergeburt auf: der ersten *coniunctio* folgt die nigredo, ein Stadium der schwarzen Fäulnis, das oft mit einer tiefen Depression verglichen wird. Die vierte Paarung geht der Wiedererstehung des Lebenselixiers aus dem Chaos um die *prima materia* voraus.

GANZ RECHTS *Ein Alchemist begegnet dem Geist der Erde, der den Beginn des alchemistischen Abenteuers symbolisiert.*

OPUS NATURE
OPVS·MECHANI

RECHTS *Der heilige Brunnen mit Sonne und Mond als Symbol der männlichen und der weiblichen sexuellen Energie.*

Zu Beginn des alchemistischen Abenteuers – dem «Öffnen der Matrix» – begegnet der unerfahrene Philosoph leidenschaftlicher Liebe. Dafür gibt es viele Symbole – kopulierende Hunde, ein wildes Meer, ein Goldregen über einer nackten Königin. Sie stehen für den Geschlechtsverkehr ohne verfeinernde Kontrolle und geistige Bewusstheit. Der Beginn des Wissens ist symbolisiert durch zwei Fässer, die Wein der Mutter Erde enthalten. Das erste, von Eros mit Gewalt geöffnete, enthält Vitriol. Das zweite, dem man sich langsam nähert, birgt den Wein der Venus: «Berauscht durch meinen Saft verlieren sie ihr Leben, tauchen in ein Blutbad und zeigen sich in den schönsten Farben. Alle mögen sich darüber wundern, wie auch über meinen angenehmen Geruch. Aber ich denke, dass ich ein wundervolles Lied höre – das ist Frau Venus, soweit ich es erfassen kann.»

Die magische Mischung von männlichen und weiblichen Lebensessenzen wird oft dargestellt als die Wasser der Liebe oder den tantrischen Ozean der Freude. (Die Alchemie selbst ist voller Hinweise auf Meere, Brunnen, Milch, Blut und rituelle Bäder). So wird das mystische Paar, gewaschen mit alchemistischen Flüssigkeiten, buchstäblich und symbolisch ertränkt im unbewussten Moment des Orgasmus, dem «kleinen Tod» aller weltlichen Belange, der über alle menschengemachten Grenzen und Dualitäten hinausgeht. Das «Rosarium» aus dem 17. Jahrhundert, *Crowne of Nature,* enthält folgendes Epigramm:

> *Es gibt zwei Brunnen, die mit grosser Macht entspringen, Des einen Wasser ist heiss und gehört dem Knaben; Des andern Wasser ist kalt und wird der Brunnen der Jungfrau genannt. Vereine den einen mit dem andern, damit die beiden Wasser eins werden: dieser Strom wird die Kräfte beider vermischt enthalten, So wie der Brunnen des Jupiter Hammon gleichzeitig kalt und warm ist.*

GANZ RECHTS *König Sol und Königin Luna, die das Aktive und das Empfängliche darstellen, sind bevorzugte alchemistische Figuren. Jede braucht die andere, um ausgewogen und transformiert werden zu können.*

OBEN *Aus dem «Rosarium Philosophorum» des Jahres 1550, einem der wichtigsten alchemistischen Texte. Der nackte Sonnenkönig und die nackte Mondkönigin in sexueller Vereinigung.*

Die beiden vitalen Ströme der physischen und ätherischen Energie werden durch die Farben Rot und Weiss symbolisiert – Menstruationsblut und Samen, aktiv und empfangend, heiss und kalt, feucht und trocken – die ausgewogen und vereint werden müssen. Eine fünfblättrige rote und weisse Rose dient oft als Symbol für dieses Mysterium, das im Herzen des mystischen Rosengartens erblüht – dem Wohnort der Göttinnen, die Blume der Jungfrau Maria. Der rote König, der durch die weisse Königin errettet wird – wie der wilde Sol durch die dunkle, fruchtbare Feuchtigkeit der Luna aufgelöst wird – ist eine alchemistische Allegorie von Vereinigung und Wiedergeburt.

Weisshäutige Frau, liebend vereint mit
ihrem rauhgliedrigen Mann,
Umhüllt von des andren Armen in der
Freude der ehelichen Vereinigung,
verschmelzen sie und lösen sich auf, wenn
sie das Ziel der Perfektion erreichen:
Sie, die zwei waren, werden zu einem, als
ob sie einen Körper hätten.[115]

DER BAUM DER PHILOSOPHEN

Ein weiteres universelles Bild, der Baum des Lebens, ist ebenfalls ein häufiges alchemistisches Motiv. Manchmal wird er umgedreht, mit den Ästen im Boden; in anderen Bildern ist der Baum der Gott Merkurius – der vermittelnde Geist der Alchemie – oder Adams Phallus im Garten Eden. Dieses letzte Symbol zeigt Adam von den Pfeilen der Liebe durchbohrt, während der mit Äpfeln beladene Baum

UNTEN *Aus dem «Rosarium Philosophorum»: König und Königin vereint durch den Heiligen Geist des geweihten Wassers.*

OBEN *Der Baum des Lebens, oft identifiziert mit heiligem Wissen und männlicher Potenz.*

aus seinem Schoss entspringt. Der Alchemist Pseudo-Aristoteles ermahnte seine Schüler: «Pflückt die Früchte, denn die Frucht des Baumes führte uns in die Dunkelheit und durch die Dunkelheit.»

Die Säfte des Baumes sollen magische erneuernde Kräfte enthalten haben, und wer von seinen Früchten ass, war für immer satt. Einige Philosophen verglichen den Saft mit Blut. Er wird auch beschrieben als «goldener Baum mit sieben Ästen» mit Blüten. Diese sieben Äste stellten vermutlich die sieben Planeten der alten Astrologie dar, die ihre Namen vielen alchemistischen Substanzen, Gestalten und Prozessen liehen. Diese goldenen Äste haben auch eine Entsprechung zu den tantrischen Lehren, denn es gibt sieben Chakren oder Energiezentren im Körper, vom Muladhra-Chakra zuunterst an der Wirbelsäule, das rot ist, bis hinauf zum Shasrara-Chakra auf dem Kopf, das als reines weisses Licht visualisiert wird. Diese Vereinigung von Seele und Geist, das Gefühl einer bevorstehenden Göttlichkeit, ist das ekstatische Ziel der Alchemie und aller heiligen Mysterien.

Die Dinge in den Reichen dort oben
Sind auch in den Reichen hier unten.
Was der Himmel zeigt wird oft auf Erden gefunden.
Feuer und fliessendes Wasser sind Gegensätze,
Glücklich der, der sie vereinen kann.[116]

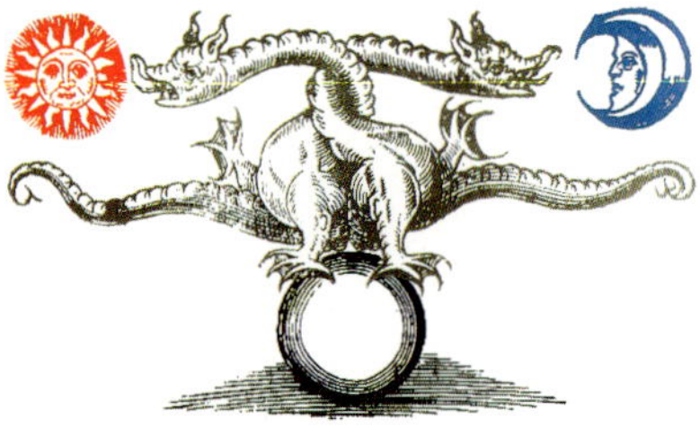

RECHTS *Der doppelte Drachen zwischen Sonne und Mond symbolisiert sexuelle Energien, die im Verlauf des alchemistischen Werks transformiert werden müssen.*

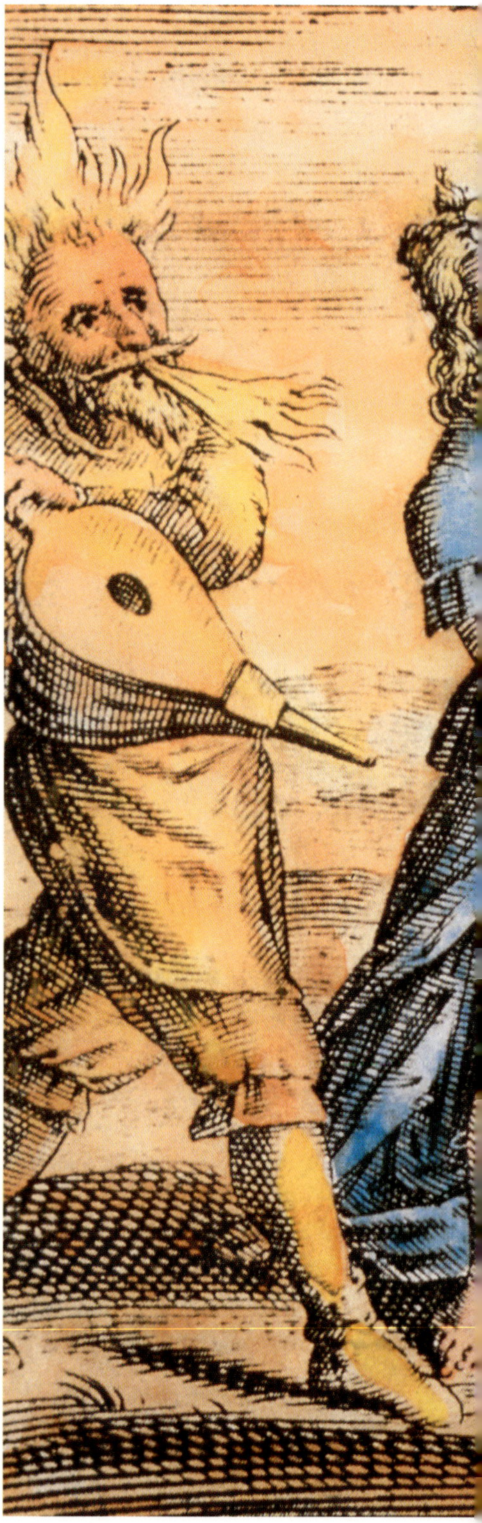

GANZ RECHTS *Der fünfte Schlüssel des Basil Valentin zeigt Venus, Göttin der Liebe, mit dem Löwen.*

KAPITEL 14

Die gefiederte Schlange der Azteken

OBEN *Die Göttin Coatlicue (aztekisch, 15. Jh.).*

GANZ RECHTS *Aztekische hermaphroditische Gott-Göttin Ometecuhtli (aztekische Steinfigur aus Mexiko). Ometecuhtli war sowohl männlich als auch weiblich und die höchste Schöpfergottheit der Azteken. Diese sitzende Figur zeigt ihn/sie in der Form von Tonacatecuhtli, den Herrn des Schicksals. Auf der Kopfbedeckung befindet sich die Maske des Sternendrachens, ein Zeichen der Milchstrasse.*

UNTEN *Quetzalcoatl, die gefiederte Schlange (aztekisch, 15. Jh.).*

DU BIST IM HIMMEL:
DU STÜTZT DEN BERG.
DIE EBENE DER ERDE IST IN
DEINEN HÄNDEN.
ERWARTET WIRST DU IMMER
UND ÜBERALL.
DU WIRST ANGEBETET: DU
WIRST ANGERUFEN. [117]

Die scheinbar völlig unterschiedliche Kultur der Azteken in Zentralamerika hat gemeinsame Grundzüge mit der Kundalini-Mythologie des Fernen Ostens. Obige Hymne an Ometecuhtli Omecihuatl preist den Transzendenten, den Schöpfer der Welt, der wie Vishnu auch «Herr-Herrin der Dualität» genannt wird. Dargestellt als zwei sich gegenüberliegende Schlangenköpfe, die gleichzeitig eins sind, ist er/sie der Gipfel der 13 Himmel, was ihn/sie mit dem Reich der Mondgöttin identifiziert (es gibt 13 Mondzyklen im Jahr). Dieses höchste Wesen ist gleichzeitig transzendent und in der Welt tätig, machtvoll im Zentrum und zur Zerstörung fähig.

Coatlicue, die Frau mit dem Schlangenrock, die allmächtige aztekische Göttin/Mutter des Universums, bereitet die Schöpfung eines neuen prähistorischen Weltalters vor. Sie wird mit einem Totenkopf zwischen ihrem Nabel und den Geschlechtsteilen dargestellt (ein verbreitetes Symbol des tibetischen Buddhismus), was ihre Macht zeigt, alles Leben in der Welt zu erzeugen und zu zerstören. Sie vermittelt zwischen der himmlischen Welt oben und der höllischen Welt unten, indem sie Leben und Tod gibt. Sie ist eine erschreckende Figur, der die Priester Opfer darbringen, denen sie das Herz herausschneiden, doch sie ist auch die Göttin der Liebe und der Schöpfung.

Nach dem Ende eines Weltalters kommt der auferstandene Gott Quetzalcoatl mit einem Packen zerbrochener Knochen aus der Unterwelt zurück. Die Herrin mit dem Schlangenrock mahlt sie, giesst sie in ein Tongefäss und bringt Quetzalcoatl dazu, sein Glied darin zu entleeren; während sie mit allen anderen Göttern und Göttinnen um Busse betet, entsteht ein neues Volk.[118] Diese prosaisch beschriebene Integration des Männlichen und Weiblichen dreht gegenüber der männlichen Vorherrschaft in der äusseren Welt den Spiess um.

Für die Tolteken und Azteken bestand der Körper der universellen Göttin aus Zeit und Raum. Wie die ägyptische Nut war sie eine Himmelsgöttin mit einem Sternenkleid und verschlang jeden Abend den Sonnengott Quetzalcoatl, um ihn am Morgen neu zu gebären. Daher war sie das Symbol der Integration der vier Himmelsrichtungen und der Sterne und der männlichen und weiblichen sexuellen Energien. Der toltekische Mythos der Wiederauferstehung erinnert an buddhistische, christliche, chaldäische und mittelalterliche Vorstellungen, dass ihr Gott von einer Jungfrau geboren, gekreuzigt wurde und wiederauferstand.[119]

Die Mutter des Quetzalcoatl war eine von drei Jungfrauen, die vom höchsten Gott der Götter im Morgenlicht besucht wurden. Sie war die einzige, die schwanger wurde, aber sie starb bei der Geburt.

Quetzalcoatl konnte von Geburt an sprechen und besass alles Wissen und alle Weisheit. Er war der legendäre Schöpfer der Sprache, der Lebenskünste und des Kalenders und herrschte in einem Tempelpalast, dessen Räume in die vier kardinalen Richtungen ausstrahlten und die Eigenschaften der Welt symbolisierten. Er wurde alt und weiss und vom ganzen Volk geliebt, verehrt und respektiert.

OBEN *Quetzalcoatl steigt aus den Fängen der gefiederten Schlange (aztekisch, grüne Jade, Mexiko), genau wie der Morgenstern aus der Erde aufsteigt, um den neuen Sonnenaufgang anzukündigen. Er trägt ein Halsband als Symbol der Sonne. Dies erinnert vermutlich an einen Venustransit im Jahre 1508.*

OBEN RECHTS *Sonnenaltar der Maya in Palenque, Mexiko.*

Ein junger Gott kam eines Tages zum Palast und schenkte Quetzalcoatl einen in Kaninchenfell gehüllten Spiegel, in den der Weise blickte. Er sah sich selbst als behindert, krank und abstossend und war davon schockiert. Der junge Gott gab ihm einen magischen Trank, den Quetzalcoatl nach anfänglicher Ablehnung trank. Er wurde berauscht und schickte nach seiner Schwester Quetzalpetl, die auch davon trank. Sie verbrachten die Nacht miteinander. Am Morgen war Quetzalcoatl beschämt und erkannte, dass er nicht länger regieren konnte. Er brannte seinen Tempel nieder, verteilte seinen Besitz, wanderte über die Ebenen und die Berge. Nachdem er ein heiliges Ballspiel verloren hatte, schoss er seinen letzten Pfeil durch den heiligen Pochotl-Baum, was ein Kreuz ergab und zu seinem Symbol wurde. Er wanderte weiter zu dem Ort, an dem sich Meer, Land und Himmel treffen und segelte auf einem Floss aus Schlangen davon; doch sein Herz kam nach vier Tagen als Morgenstern Venus zurück.

Die in vielen Kulturen über diese Legende entstandenen Bilder nehmen die Form von Mandalas an, die Quetzalcoatls Herz eingebettet im Quadrat der Erdgöttin zeigen, und im Zentrum davon verschlungene gefiederte Schlangen. Dieses Motiv ist demjenigen des Vishnu und seiner Frau unter dem Bogen der Schlange ähnlich und zeigt gleichzeitig die Identität der Göttin als seine Gemahlin und seinen Tod.

Die doppelte Schlange wird auch dargestellt, wie sie im Südosten zwei Menschen als Morgenstern ausspuckt, der der Sexualität geweiht war. Wie in der ägyptischen Genesis ist die Göttin auch mit Sternen bedeckt und umgeben von oder bestehend aus den symbolischen Elementen des aztekischen Kalenders.

Die wunderbare Kultur in Zentral- und Südamerika war hochentwickelt, doch die Menschen lebten in einem konstanten Zustand des existentiellen Schreckens vor dem, was sie als die unberührbare Natur des Lebens betrachteten. Diese Angst drückte sich aus in ihrer Liebe des Männlichen und des Weiblichen, des Lebens und des Todes. Rituelle Opfer für die Schöpfer und Zerstörer des Lebens waren in ihrem Glauben zentral, und letztlich war ihnen das Leben nicht mehr als eine Maske auf dem Gesicht des Todes. Die Vitalität ihrer Inkarnation durch den Geschlechtsakt führte sie erneut in die Sterblichkeit und letztlich zu einer Begegnung mit der Göttin der Unterwelt.

UNTEN *Quetzalcoatl, die gefiederte Schlange, war der aztekische und toltekische Gott des Windes, des Lernens und der Priesterschaft, Herr des Lebens, Schöpfer und Kultivierer, Schutzherr aller Künste und Erfinder der Metallurgie.*

KAPITEL 15

Esoterische mystische Sexualität

GANZ RECHTS *Der Geist «Wasser», aus «The Bluebird» von Frederick Cayley Robinson.*

Die Engländerin Alice A. Bailey war zu Anfang dieses Jahrhunderts jahrelang in telepathischem Kontakt mit einem Meister namens «Der Tibeter»[120] und schrieb zahlreiche Bücher über diese Kontakte. Dieses Werk gilt als «esoterisches» Wissen, das der Menschheit im Hinblick auf das anbrechende Neue Zeitalter vermittelt wurde. Diese Werke behandeln die mystische Sexualität unserer Zeit auf informative und vernünftige Weise. Viele Aussagen des Tibeters über Sexualität sind sehr relevant, auch wenn die neusten schon mehr als 50 Jahre alt sind.

Gemäss dem Tibeter ist Sex wie in der hinduistischen und buddhistischen Tradition die Beziehung zwischen Geist und Materie oder der niedrigeren Natur mit dem höheren Selbst. Auf die richtige Ebene gebracht, kann die Menschheit durch Sexualität völlige Vereinigung mit dem Göttlichen erfahren. Obwohl Sexualität eine körperliche Funktion ist, kann sie bei seelischer Bewusstheit zu einer transzendenten Kraft für höhere Bewusstseinszustände werden.

Der Tibeter glaubte, dass sexuelle Kraft aus der physischen Ebene kommt und daher eher einen Sog auf involutionäre (rückwärtsgewandte) als evolutionäre (sich in höhere Bewusstheit ausdehnende) Energien ausübt; Sexualität ist also auf einer kosmischen Ebene regressiv und nicht progressiv. Sie dient mystisch gesehen zur Verwirklichung des niedrigeren Selbst und physisch gesehen zur Schaffung neuer, reiner Körper. Unsere heutige Haltung gegenüber der Sexualität wurzelt in der Integriertheit früher Menschen in der physischen Welt, wodurch Sex ein sündenfreier Weg zur Fortpflanzung war. Mit der Entwicklung der Emotionen, die auch deren Kontrolle erschwerte, entstanden sündige Haltungen, und die mystische Sexualität verkam zur reinen Befriedigung körperlicher Triebe.

Heute beginnt die Menschheit vorwiegend auf mentaler Ebene zu funktionieren, wie es für Eingeweihte typisch ist, und so kann die Sexualität wieder in ihre eigentliche Funktion eingesetzt werden. Die Seele übernimmt die Funktion der Kontrolle über drei Körper – den physischen, den emotionalen und den mentalen. Die Funktionen der niedrigeren Körper müssen im Dienste des höheren gereinigt und sublimiert werden, damit harmonische Energien entstehen – wohltätig für ein Individuum wie auch dessen Partner oder Partnerin.

Die tiefgreifende Veränderung in der Haltung gegenüber der Sexualität zeigt, dass die positive Symbolik der Sexualität heute allgemein in Vergessenheit geraten und durch animalistische und perverse Gedanken ersetzt worden ist. Das mystische Geheimnis ist verloren gegangen, und damit die erhebenden, transzendenten Kräfte der Sexualität und deren Fähigkeit, echte Liebe zu transportieren. Einige Menschen versuchen, allein durch Sexualität ein Tor zu höherem Bewusstsein zu öffnen und die gesuchte Verschmelzung auf rein physischer Ebene zu erreichen. Auch wenn man höchste Motive hat, muss klar sein, dass Sex eine innere Dualität ist, die es innerlich zu transzendieren gilt. Er kann daher nie ein Ziel an sich sein.

Diese Transzendenz kann nur mit Bewusstsein erreicht werden. Wenn dieses Prinzip zum Allgemeinwissen wird, kann es zu einer neuen und ehrfürchtigeren Haltung zwischen Männern und Frauen, zwischen Rassen und zwischen der Menschheit und der Erde (Gaia) führen. In mancher Hinsicht braucht eine neue Menschheit eine neue sexuelle Ökologie.[121]

GANZ RECHTS *»Der Tagtraum« (1880) von Dante Gabriel Rossetti (1828–1882). Die Präraffaeliten idealisierten das Weibliche in Form und Vorstellung.*

Sexualität ist heute ein Allheilmittel gegen die Einsamkeit und die Angst, die die meisten Menschen empfinden, und für viele die einzige Kraft gegen dieses existentielle Problem.

• • •

LIEBE UND SEX

• • •

Eine äusserst wichtige Frage ist die Beziehung zwischen Liebe und Sex, die der Tibeter als Ausdrucksweisen des selben Inhalts betrachtete, obwohl beide ihre echte Bedeutung verloren haben. Liebe und Sex illustrieren das Gesetz der Attraktion – auf zwischenmenschlicher Ebene zwischen den Geschlechtern, auf der innerpersönlichen Ebene zwischen dem Individuum und seiner Seele, und auf der universellen Ebene bringen sie die Menschheit in Kontakt mit Gott.

In allen Fällen ist die motivierende Kraft der karmische Einfluss – der Gedanke zählt. Das Ergebnis aller durch Sexualität motivierten Interaktionen ist Manifestation – eines physischen Wesens, einer Emotion, einer Beziehung. Der Ausgang ist immer direkt mit der Haltung der Partner verbunden, die Auswirkungen werden direkt in deren karmisches Erbe integriert. Genau wie die Liebe produktiv ist, führen diese sexuellen Anziehungen immer zu einem Ergebnis, sei es positiv oder negativ. Auf höchster Ebene erzeugen Liebe und Sex eine gottähnliche Energie im Menschen. Sex ist ein Symbol dieses Prozesses, obwohl er oft mit dem Ausgang des Prozesses verbunden ist.

Wenn sexuelle Energien gemischt werden, ist es wichtig, die Energien aus den tieferen Chakren, die sich durch die Persönlichkeit manifestieren, mit Energien aus den höheren Chakren, die sich durch Herz-, Kehl- und Stirnzentrum zeigen, zu verschmelzen. Diese Transformation kann auf künstlerische, kreative oder spirituelle Weise geschehen, wird aber immer aktiviert durch die Übersetzung der Liebe vom Niedrigeren ins Höhere, denn darauf beruht die mystische Sexualität. Die göttliche Synthese von niedriger und höher ergibt reine Schönheit, und körperlicher Sex ist das Symbol dieses tiefgreifenden Prozesses.

In Zukunft werden diejenigen Transformationen die grössten Auswirkungen auf die Menschheit haben, in denen die höheren Energien der menschlichen Rasse entstehen und dominant werden.

RECHTS *Das chinesische Pa-Kwa-Symbol, welches die Integration von weiblichen und männlichen Energien darstellt und das Gleichgewicht zwischen deren entgegengesetzten, sich aber ergänzenden Qualitäten magisch wiederherstellt.*

Nachwort

Das Buch *Mystische Sexualität* soll Sie verwirren und herausfordern – und vielleicht dazu inspirieren, den hier vorgestellten Ideen nachzugehen. Wir schreiben zu einer Zeit, in der die westliche Welt Antworten sucht. Die Strukturen – politische, persönliche, spirituelle und sexuelle – unserer Eltern und Grosseltern sind nicht mehr angemessen. Kollektive Verwirrung herrscht vor, während wir nach Bedeutung und Harmonie in unseren Leben suchen. So muss es in jeder revolutionären Zeit sein, denn ohne eine Zeit des Chaos und der Dunkelheit kann nichts Neues geboren werden. Solche Zeiten sind in den antiken Schöpfungsmythen beschrieben. Eros – der Gott der erotischen Liebe – wurde selbst aus Nacht und Chaos geboren.

Das eigentliche Ziel aller mystischen sexuellen Praktiken ist transzendente Erfahrung. Sie entsteht durch bewusste Unterwerfung unter Leidenschaft und Ekstase, die beide Partner mit Körper und Seele voll einbezieht. Heilige Sexualität umfängt alle Sinne, belebt die Emotionen und bezieht den Geist mit ein. Letztlich kann sie nur in einem Teil der Psyche erfahren werden, der Worte, Logik, Dogma und Glauben nicht kennt.

Moderne «Göttinnenbewegungen» sind ein Griff nach diesen verschütteten Wahrheiten, denn die Göttin oder das göttliche Weibliche sind innerlich und äusserlich schwer vernachlässigt worden. Instinktives Wissen, intuitive Führung und Empfänglichkeit werden allgemein als «weibliche» Qualitäten bezeichnet, die zur Göttin der tausend Namen und ihren Kulturen gehören. Doch wir glauben, dass diese Qualitäten allen Menschen angeboren sind, egal welchen Geschlechts und welcher sexuellen Ausrichtung. Uns durch die Liebe eines anderen Menschen auszudrücken und zu erfahren ist Teil des Lebens – und für viele Menschen ist das Leben ohne Beziehung zu einem anderen sinnlos und vertan.

In unserem Bemühen, die Dynamik von Beziehungen zu verstehen, studieren wir sexuelle Techniken und Positionen, und vergessen die Rolle von Sinnlichkeit und instinktiven Gefühlen in unserem täglichen Leben. Als Gesellschaft haben wir den sexuellen Ausdruck in eine kleine Schachtel gesteckt, wo wir ihn zu kontrollieren und begrenzen hoffen. Wir suchen in Statistiken und Handbüchern, was «normal» ist und was alle andern auch tun, als versuchten wir, uns vom Mysterium der sexuellen Liebe zu distanzieren. Doch keine Forschung kann uns lehren, was die Alten einst wussten. Sexualität ist göttlich und leiblich, animalisch und spirituell, lustvoll und seelenvoll. In ihrem Zentrum gibt es nichts Paradoxes, denn sie stellt die perfekte Mischung von Yin und Yang, aktiv und passiv dar. Sexualität ist heilig, weil das Leben selbst heilig ist.

OBEN *«Sleeper II» von Caroline Smith. Das schlafende Weibliche erhebt sich und wird in der entstehenden neuen Welt seinen ihm zustehenden Platz einnehmen: dem Männlichen gleich und dieses ergänzend.*

♦

Fussnoten

Kapitel 1

1 James M. Robinson, *The Nag Hammadi Library in English*, S. 169.

2 Ibid., S. 171.

3 Die Götter wollten ein leeres Gefäss ohne weiblichen Einfluss schaffen, das sie beherrschen konnten. Die Seele, die Eva Adam gab, symbolisiert die animierende, weibliche Qualität in jedem Mann.

4 Emma Jung und Marie-Louise von Franz, *Die Graalslegende in psychologischer Sicht*, S. 37.

Kapitel 2

5 Näheres über Steinzeitmenschen siehe in Auel, *The Clan of the Cave Bear*, Hodder, London 1981.

6 Schlange und Drache sind oft austauschbare Begriffe.

7 Mircea Eliade, *Das Heilige und das Profane*, S. 49.

8 Heinrich Zimmer, *Mythen und Symbole in indischer Kunst und Kultur*, S. 72.

9 Monica Sjöö und Barbara Moor, *The Great Cosmic Mother*, S. 57.

10 A. T. Mann, *Mystische Architektur*, S. 60–69, 79–82.

11 Julius Evola, *Die Metaphysik des Sexus*, S. 208–210.

12 Penny Slinger und Nik Douglas, *Sexual Secrets*, S. 133.

13 Evola, op. cit., S. 215/216.

14 Der Kalender entsteht durch den Durchlauf der Sonne durch die Jahreszeiten und deren entsprechende Tierkreiszeichen. Kalendarische Mythen drücken diesen Prozess durch das Töten und Zerstückeln des Drachen aus, gewöhnlich in zwölf Teile. Manchmal steht der dreizehnte Teil, wie im Osiris-Mythos, für die fünf zusätzlichen Tage im Jahr (12 x 30 + 5 = 365). .

15 Sjöö und Moor, op. cit., S. 106.

Kapitel 3

16 Nancy Qualls-Corbett, *The Sacred Prostitute*, S. 40.

17 Lucretius (94–55 v. Chr.) *The Nature of the Universe*.

18 Simone de Beauvoir, *Das andere Geschlecht*, Rowohlt, Hamburg 1951.

19 W. Carew Hazlitt, Faiths and Folklore of the British Isles, Benjamin Blom Inc., New York 1965.

20 Nickie Robert, *Whores in History*, S. 64.

21 Philip Stubbes, *The Anatomy of Abuses*.

Kapitel 4

22 Ishtar/Inana identifizierte sich durch ihre Mythen selbst als Prostituierte und wurde als solche in Babylonien über Jahrtausende verehrt. Die Hure Babylon war einer ihrer Titel, doch das Wort «Hure» hatte damals noch nicht die pejorative Bedeutung, die es später erhielt. Der Mythos der Ishtar wurde von hebräischen Priestern entwickelt, die sich ihres Einflusses sehr bewusst waren. Später verlor sich scheinbar dieses Wissen, die sumerisch/babylonische Kultur geriet in Vergessenheit, so dass spätere Deuter der alten Texte glaubten, mit Hure Babylon sei Rom gemeint, eine ebenfalls sehr sexuelle Kultur.

23 Akkadische Lobhymne, zitiert in Barbara Walker, *Das geheime Wissen der Frauen*, S. 463.

24 Anne Baring und Jules Cashford, *The Myth of the Goddess*, S. 197.

25 Das *Gilgamesch-Epos* war ein sumerisches Gedicht, geschrieben etwa um 2000 v. Chr. Es ist eines der frühesten erhaltenen Gedichte.

26 Diane Wolkstein und Samuel Noah Kramer, *Inanna, Queen of Heaven and Earth: Her Stories and Hymns from Sumer*, Harper and Collins, London, 1983, S. 36, zitiert nach Baring und Cashford, S. 187.

27 Reay Tannahill, *Sex in History (dt.: Kulturgeschichte der Erotik)*, S. 50.

28 Wendy Buonaventura, *Bauchtanz*, Verlag A. Kunstmann, München 1991, S. 30/31.

29 Herodot, *The Histories* (3 v. Chr.), zitiert in Qualls-Corbett, op cit, S. 34.

30 Samuel Kramer, *History Begins at Sumer*, Thames & Hudson, London 1958, S. 286 .

31 Samuel Kramer, *The Sacred Marriage Rite*, Indiana University Press, 1969, S. 63.

Kapitel 5

32 Robert Bauval und Adrian Gilbert, *Das Orion-Rätsel*, S. 95.

33 Kurt Sethe, *Die altägyptischen Pyramidentexte*, Leipzig 1908–1922 (6 Bde).

34 Sjöö und Moor, op. cit., S. 58.

35 R. A. Schwaller de Lubicz (1887–1961) war ein umstrittener französischer Philosoph, Hermetiker und Ägyptologe. .

36 Schwaller de Lubicz, *Symbol and Symbolic*, S. 8.

37 John Anthony West, *Serpent in the Sky*, S. 153–154.

38 Schwaller de Lubicz, *Sacred Science*, S. 187.

39 Ibid., S. 187.

40 Ägyptische und andere Mythologien stellen den Urozean dar als vor allem anderen Bestehendes, ohne Licht, endlos, grenzenlos, richtungslos – kurz, als leeren Raum.

41 Ibid., S. 190.

42 Ibid., S. 192.

43 Gay Robins, *Women in Ancient Egypt*, S. 17.

44 Symbol and Symbolic, S. 151.

45 Ibid., S. 27.

46 Robins, op. cit., S. 89–90.

47 Walker, op. cit., S. 417.

Kapitel 6

48 Ursprünglich stand in diesem Mythos statt «Selbst» «Er». Paraphrasiert aus Robert O. Ballou (ed.), *The Bible of the World*, S. 38.

49 Zimmer, op. cit., S. 43–45.

50 Evola, op. cit., S. 205.

51 Ibid., S. 150.

52 Zimmer, op. cit., S. 211.

53 Ibid., S. 212.

54 Ibid., S. 212.

55 Brihadâranyaka Upanishad 4.3,.21–22, übers. von Hume, zitiert in Zimmer, Philosophie und Religion Indiens, S. 333.

56 Gemäss den Sânkhya- und Yoga-Philosophien ist die Lebensmonade, genannt purusha, «Mensch», oder âtman, «Selbst» , die lebende Wesenheit, die sich hinter und in allen Metamorphosen des Lebens verbirgt, cf Zimmer, *Philosophie und Religion Indiens*, S. 259.

57 «Arisch» meint hier eher «zivilisiert» als eine bestimmte Rasse: Mark Balfour, *The Sign of the Serpent*, S. 4.

58 Zimmer, *Philosophie und Religion Indiens*, S. 326.

59 Shankara, Nirvânamañjari, zitiert in Zimmer. op. cit., S. 413–414.

60 «Yoga» in der Bedeutung von «Joch» als Verbindung des Individuellen mit dem Einen.

61 Siehe Jungs Essay «Über die Energetik der Seele», in: *Über psychische Energetik und das Wesen der Träume*, S. 9–83.

62 Wilhelm Reich (1897–1957) war ein deutscher Psychotherapeut, der radikale Theorien über die Beziehung zwischen Sexualität, Orgasmus und psychologischem Funktionieren aufstellte. Siehe *Die Funktion des Orgasmus*, Kiepenheuer + Witsch, Köln 1969.

63 David V. Tansley, *Subtle Body (dt.: Energiekörper)*, S. 26.

64 Ibid., S. 26.

65 Eine ausführlichere Beschreibung der Bestandteile tantrischer Sexualität siehe in Slinger und Douglas, op. cit.

66 Ibid., S. 151.

Kapitel 7

67 «Synchronizität» ist ein Begriff, den der Psychologe C.G. Jung geprägt hat und der «ein akausales verbindendes Prinzip» meint, eine besondere Verbindung zwischen objektiven Ereignissen und dem subjektiven Zustand des Beobachters. Siehe Jungs Vorwort zum *I Ging*, GW Bd. 9, S. 187.

68 Ibid. S. 299.
69 Ibid. S. 298.
70 Laotse, Tao Te King, S. 41.
71 Mantak Chia, *Taoist Secrets of Love: Cultivating Male Sexual Energy*, S. xvii et al. und *Healing Love Through the Tao: Cultivating Female Sexual Energy (dt.: Tao Yoga der heilenden Liebe. Der geheime Weg zur weiblichen Liebesenergie)* sind wohl die besten technischen Hand bücher für taoistische Sexualpraktiken. Meister Chia hat bei vielen taoistischen und buddhistischen Meistern gelernt.
72 Ibid., S. xvii.
73 Daniel Reid, *The Tao of Health, Sex and Longevity*, S. 272–274.
74 Ibid., S. 276.
75 S. Chia, *Healing Love Through the Tao: Cultivating Female Sexual Energy (dt.: Tao Yoga der heilenden Liebe. Der geheime Weg zur weiblichen Liebesenergie).*
76 Ibid., S. 40–42.
77 Sukie Colegrave, *Yin und Yang. Die Kräfte des Weiblichen und des Männlichen*, S. 217–220.

Kapitel 8

78 Teil einer homerischen Hymne an Gaia, übersetzt nach einer englischen Übertragung von Jules Cashford, *The Myth of the Goddess*, S. 303. Benutzt mit Erlaubnis von Jules Cashford.
79 Aeschylus, *Danaides, Baring and Cashford*, op. cit., S. 363.
80 Indra Sinha, *Tantra, the Search for Ecstasy*, S. 41 .
81 Roberto Calasso, *Die Hochzeit von Kadmos und Harmonia*, S. 51.
82 Ibid., S. 52.
83 Zitiert in Sinha, op. cit., S. 47.

Kapitel 9

84 *Encyclopedia of World Mythology*, ed. Rex Warner.
85 Homerische Hymne, übersetzt nach einer Übertragung von J. Cashford in Harvest, Vol. 35, 1989-90, S. 209. *Harvest* ist eine Zeitschrift, die unter Jungschen Analytikern privat zirkuliert.
86 Ovid, Die Fasten, 4, 237-245.
87 Übersetzt nach einer Übertragung von J.P. Postgate, Loeb Classical Library, zit. in *The Bedside Book*, Gollancz, ca. 1932.
88 Ovid, op.cit., 6, 267-269.
89 Ibid., 291-294.
90 Barbara G. Walker ist eine bekannte amerikanische Forscherin und Schriftstellerin, Spezialistin für Frauengeschichte.

Kapitel 10

91 «The Thunder, Perfect Mind», *The Nag Hammadi Library in English*, S. 272.
92 Barbara Walker, op. cit., S. 945.
93 Aus Marina Warner, *Beast to the Blonde*, Chatto & Windus, London, 1994, S. 125.
94 'Gnostic Gospel of Philip', *The Nag Hammadi Library in English*, S. 138.

Kapitel 11

95 *The feminist Companion to Mythology*, Pandora, London, 1992, S.120.
96 Zitiert in Maureen Duffy, *The Erotic World of Faery*.
97 Anonymes gälisches Gedicht, zitiert in Eric Erikson, *The World, The Flesh and The Devil*.
98 Joan Halifax, *Shaman, The Wounded Healer*, Thames & Hudson, London, 1982.
99 Duffy, op. cit., S. 105.
100 P. H. Ditchfield, *Old English Customs Extant at The Present Time: An Account of Local Observance, Festival Customs and Ancient Ceremonies, Yet Surviving in Great Britain*, George Redway, London 1896.
101 Strabo (ca. 64 v. Chr.-ca. 22 n. Chr.), griechischer Geograph und Reisender.
102 Doreen Valiente, *Natural Magic*, Hale, 1975. Doreen Valiente ist praktizierende Hexe und Autorin mehrerer Bücher über Wicca.
103 John Michell, *The Earth Spirit*, S. 76.
104 zitiert in Duffy, op. cit., S. 87.
105 Stubbes, op. cit.
106 John Aubrey, *Remains of Gentilism*, 1688.

Kapitel 12

107 Marie de France, ca. 1175, übersetzt von Dietmar Rieger, W. Fink, München 1980.
108 Zit. nach Duffy, op. cit., S. 39.
109 Gedicht aus *An Anthology of the Provençal Troubadours*, Raymond Hill and Thomas G. Burgin (ed.), 1941, S. 96.
110 Lindsay Clarke, *Alices Masque*, Picador, 1994.
111 Edward C. Whitmont, *The Return of the Goddess*, Arkana, 1987, S. 175.
112 Walker, op. cit., S. 925.

Kapitel 13

113 Dr. Irene Gad, *Tarot and Individuation*, S. 111.
114 C. G. Jung, *Psychologie und Alchemie*, S. 196 der engl. Ausgabe.
115 «The Crowne of Nature», zit. in Johannes Fabricius, *Alchemy*, S. 81.
116 *Die zwölf Schlüssel des Basil Valentin*, Deutschland 1599.

Kapitel 14

117 Joseph Campbell, *The Mythic Image*, S. 157.
118 Ibid., S. 156.
119 Ibid., S. 172-181.

Kapitel 15

120 Der Meister Djwhal Khul gab seine Identität nicht preis, aber er lebte in einem physischen Körper nahe der Grenze zu Tibet. Er übermittelte Madame Blavatsky, der Gründerin der Theosophischen Gesellschaft in England 1875, *Die Geheimlehre* und *Die entschleierte Isis*.
121 Alice Bailey, *Esoterische Astrologie*, Lucis Trust, New York 1951, S. 385.

BILDNACHWEIS **Ancient Art and Architecture Collection:** S. 15–16, 17, 20, 21o.l., 24o.l., 34, 35o.l., 43u.r., 48, 57o.l. und u.r., 62, 63o.r., 66u.l., 77, 87r., 89o.r., 97, 98o.l., 99, 102, 107, 108–9, 109o., 126, 127, 128, 129, 133, 136–7, 151, 169o.l., 178, 180; **Bridgeman Art Library:** S. 9, 11, 13, 19, 22, 23, 26–7, 29, 30, 31, 33, 35u.r., 37, 39, 48–9, 51, 61, 66 o.l., 70, 76, 94, 100–1, 104–5, 110, 114–5, 116–7, 118, 120, 122, 124, 131, 132, 134, 135r., 138–9, 140, 142–3, 144, 147, 150, 155, 157, 162–3, 164–5, 166, 167, 168 169u.r., 173, 181, 183, 185; **Collections/ Brian Shuel:** S. 154; **C M Dixon:** S. 18, 21, 24u., 41, 46, 64, 67u., 89o.r., 102, 109u., 119, 148o.l.; **Fine Art Photographic Library:** S. 28, 53, 161, 166o.; **Giraudon/Bridgeman Art Library:** S. 32, 55; **Gisbert Bauer:** S. 76; **The Hutchinson Library:** S. 65, 78, 107u.r.; **Images Colour Library Ltd:** S. 79, 82o.l., 84o.l. und u.l., 85, 91, 93, 171, 172, 174–5, 176u.r., 177; **Index/Bridgeman Art Library:** S. 7; **Lauros-Giraudon/Bridgeman Art Library:** S. 44, 47, 112–3; **Mary Evans Picture Library:** S. 36o.l., 152, 176o.l.; **Ronald Sheridan:** S. 42o.l., 45, 89u.; Courtesy of the artist, **Caroline Smith:** S. 12, 25, 186; **Werner Foreman Archive:** S. 40, 54, 56, 59, 63, 68; **Werner Foreman Archive/ Haiphang Museum, Vietnam:** S. 81; **Werner Foreman Archive/Museum für Völkerkunde, Basel:** S. 179; **Werner Foreman Archive/ National Museum, Kopenhagen:** S. 148u.l., 149; **Werner Foreman Archive/Philip Goldman Collection:** S. 67o.r., 74o.l.; **Werner Foreman Archive/Private Collection:** S. 69,72–3, 83u.r.

Bibliographie

Bailey, Alice A., und Tibetan Master Djwhal Khul, *Eine Zusammenfassung über die Sexualität,* Lucis Trust, Genf 1986.

Balfour, Mark, *The Sign of the Serpent,* Prism, Bridport 1990.

Ballou, Robert O. (Hrsg.), *The Bible of the World,* Kegan Paul Trench Trubner, London 1940.

Baring, Anne, und Cashford, Jules, *The Myth of the Goddess,* Penguin Books 1993.

Bauval, Robert und Gilbert, Adrian, *Das Geheimnis des Orion,* List, München 1994.

Byron, John, *Portrait of a Chinese Paradise: Erotica and Sexual Customs of the Late Qing Period,* Quartet Books, London 1987.

Calasso, Roberto, *Die Hochzeit von Kadmos und Harmonia,* Insel, Frankfurt a. M. 1991.

Campbell, Joseph, *The Mythic Image,* Princeton 1974.

Camphausen, Rufus, *The Encyclopedia of Erotic Wisdom,* Inner Tradition, New York 1990.

Chia, Mantak, und Chia, Maneewan, *Tao Yoga der heilenden Liebe. Der geheime Weg zur weiblichen Liebesenergie,* Ansata, Interlaken 1990.

Chia, Mantak, und Winn, Michael, *Taoist Secrets of Love: Cultivating Male Sexual Energy,* Aurora Press, New York 1984.

Colegrave, Sukie, *Yin und Yang. Die Kräfte des Weiblichen und des Männlichen.* Fischer, Frankfurt a. M. 1992.

Duffy, Maureen, *The Erotic World of Faery,* Hodder & Stoughton, London 1972.

Eliade, Mircea, *Geschichte der religiösen Ideen,* Herder, Freiburg 1981.

Eliade, Mircea, *Das Heilige und das Profane,* Rowohlt, Hamburg 1957.

Ericson, Eric, *The World, the Flesh and the Devil,* New English Library, London 1981.

Evola, Julius, *Metaphysik des Sexus,* Klett, Stuttgart 1962.

Fabricius, Johannes, *Alchemy,* Rosenkilde & Bagger, Copenhagen 1976.

Frazer, James G., *Der goldene Zweig: das Geheimnis von Glauben und Sitten der Völker,* Rowohlt, Hamburg 1989.

Gad, Dr. Irene, *Tarot and Individuation,* Nicholas-Hays Inc., York Beach, Maine 1994.

Haich, Elisabeth, *Sexuelle Kraft und Yoga,* Ergolding 1993.

Humana, C., und Wang Wu, *The Chinese Way of Love,* Hongkong 1982.

Johari, Harish, *Tools for Tantra,* Destiny Books, Vermont 1986.

Jordan, Michael, *Myths of the World,* Kyle Cathie, London 1993.

Jung, C. G., *Studien über alchemistische Vorstellungen,* GW Band 13, Olten 1982.

Jung, C. G., *Psychologie und Alchemie,* Walter, Olten 1972.

Jung, C. G., *Über psychische Energetik und das Wesen der Träume,* Walter, Olten 1972.

Jung, Emma, und von Franz, Marie-Louise, *Die Graalslegende in psychologischer Sicht,* Rascher, Zürich 1960.

Khanna, Madhu, *Yantra: The Tantric Symbol of Cosmic Unity,* Thames & Hudson, London 1979.

Larsen, Cynthia und Shannon, Paul, *The Synchronicity Guidebook,* Amethyst Publishing, Nellysford 1994.

Larsen, Stephen, *The Mythic Imagination,* Bantam, New York 1990.

Laotse, *Tao Te King,* Diederichs, Düsseldorf 1978.

Mann, A. T., *Mystische Architektur,* Edition Astroterra, Wettswil 1996.

Michell, John, *The Earth Spirit,* Thames & Hudson, London 1988.

Mookerjie, Ajit und Madhu, Khanna, *Die Welt des Tantra in Bild und Deutung,* Otto Barth, Bern 1987.

Qualls-Corbett, Nancy, *The Sacred Prostitute,* Inner City Books, Toronto 1988.

Rawson, Philipp, *The Art of Tantra,* Thames & Hudson, London 1978.

Rawson, Philipp, *The Indian Cult of Ecstasy,* Thames & Hudson, London 1973.

Reid, Daniel, *The Tao of Health, Sex and Longevity,* Simon & Schuster, London 1989.

Roberts, Jane, *Die Natur der Psyche: ihr menschlicher Ausdruck in Kreativität, Liebe, Sexualität,* Ariston Genf 1981.

Roberts, Nickie, *Whores in History,* Grafton, London 1993.

Robins, Gay, *Women in Ancient Egypt,* British Museum Press, London 1993.

Robinson, James M. (Dir.), *The Nag Hammadi Library in English,* E. J. Brill, Leyden 1977.

Schwaller de Lubicz, R. A., *Sacred Science,* trans. Andreé und Goldian Vandenbroeck, Inner Traditions, New York 1982.

Schwaller de Lubicz, R. A., *Symbol and Symbolic,* trans. Robert Lawlor, Autumn Press, Brookline 1978.

Schwaller de Lubicz, R. A., *The Temple in Man,* trans. Robert und Deborah Lawlor, Autumn Press, Brookline 1977.

Sinha, Indra, *Tantra, the Search for Ecstasy,* Hamlyn, London 1993.

Skinner, Stephen, *The Living Earth Manual of Feng Shui: Chinese Geomancy,* Routledge & Kegan Paul, London 1982.

Slinger, Penny und Douglas, Nik, *Sexual Secrets,* Destiny Books, Rochester 1979.

Sjöö, Monica, und Moor, Barbara, *Wiederkehr der Göttin,* Braunschweig 1985.

Stein, Diane, *The Kwan Yin Book of Changes,* Llewellyn, St. Paul 1986.

Stubbes, Philip, *The Anatomy of Abuses,* London 1586.

Tannahill, Reay, *Kulturgeschichte der Erotik,* Rastatt/Wien 1982.

Tansley, David V., *Auren, Chakren und die sieben Lebensstrahlen,* Essen 1993.

Tansley, David V., *Energiekörper,* München 1985.

van Gulik, R. H., *Sexual Life in Ancient China,* Leiden 1961.

Walker, Barbara G., *Das geheime Wissen der Frauen,* Zweitausendundeins, Frankfurt a. M. 1993.

Warner, Rex (Hsg.), *Encyclopedia of World Mythology,* BPC Publishing, London 1975.

West, John Anthony, *Serpent in the Sky,* Harper & Row, New York 1979.

Wilhelm, Richard (Übers.), *I Ging. Das Buch der Wandlungen,* Diederichs, Düsseldorf 1956 (Vorwort von C. G. Jung in: Jung, *Mensch und Kultur,* Walter, Olten 1985).

Zimmer, Heinrich, *Mythen und Symbole in indischer Kunst und Kultur,* Rascher, Zürich 1951.

Zimmer, Heinrich, *Philosophie und Religion Indiens,* Rhein-Verlag, Zürich 1961.

Glossar

Adam – Gemäss der Bibel der erste Mensch, aber auch Symbol des männlichen Prinzips.

Anubis – Der ägyptische Schakalgott, der das Totengericht leitet.

Astrologisches Grosses Jahr – Die Rückwärtsbewegung des Frühlingspunktes durch den Tierkreis, der eine Ellipse um den nördlichen Polarstern beschreibt, dauert rund 25000 Jahre oder etwa 2000 Jahre pro Zeichen.

Ãtman – Das ewige geistige Wesen, das universelle Selbst.

Atum – Ägyptischer Sonnengott, Symbol des Wissens.

Baum des Lebens – Symbol für Wachstum, Entstehung aus dem Samen, Auftauchen aus der Erde und der Unterwelt, Verbindungsachse zwischen verschiedenen Welten und die Vermischung männlicher und weiblicher Qualitäten in der Sexualität. Auch bekannt als Baum der Erkenntnis.

Caduceus – Der Stab des griechischen Gottes Hermes (römisch: Merkur), von zwei Schlangen umwunden und mit zwei Flügeln oder einem Helm versehen. Er symbolisiert Weisheit und Macht.

Ch'i – Für die taoistischen Chinesen die kosmische Energie, die den menschlichen Körper sowie die Landschaft belebt. Ähnlich dem hinduistischen oder buddhistischen Begriff Kundalini.

Chakren – Die sieben oder mehr Energiezentren des menschlichen Körpers nahe der Wirbelsäule, deren Funktion es ist, Lebensenergie weiterzuleiten und auszubalancieren.

Chaos – Eine frühe biblische Beschreibung des Universums, als es noch reine Energie war, und bevor Materie und Form existierten.

Dharma – Die «Wahrheit» des Lebens und der sich daraus ergebende Weg.

Erosprinzip – Der Mechanismus der sexuellen Anziehung, der alle Natur belebt und insbesondere die Liebe zwischen Männern und Frauen.

Esoterisches Wissen – Verborgene Weisheit, die von religiösen Lehren und insbesondere von Eingeweihten weitergegeben wird.

Eva – Die erste Frau, Gefährtin des Adam, Symbol des weiblichen Prinzips.

Feng Shui – Die chinesische Kunst und Wissenschaft der Ausrichtung von Gebäuden in der Landschaft und auch der Prozess der Ausrichtung nach den Lebensenergien.

Gaia-Hypothese – Theorie von James Lovelock, nach der die Erde ein lebender Organismus ist und alles Leben ein Teil davon.

Gnostik – «Gnosis» ist direktes Wissen. Viele frühe Christen, die unorthodoxe Ansichten über Sexualität und Reinkarnation hatten, wurden als Häretiker oder Gnostiker betrachtet.

Goldene Blüte – Eine chinesische Meditationspraktik mit dem Ziel, die Psyche zu integrieren.

Grosse Göttin – Die schöpferische Urgottheit, die über die Früchte der Erde herrscht und als das Ewig Weibliche und als schwangere Mutter Erde dargestellt wird.

Horus – Ägyptischer Sonnengott, der mit Seth ein Duell austrug, um den Mord an Osiris zu rächen. Horus herrschte in Ägypten als erster Pharao und wurde zum ewigen Auge des Ra.

I Ging – Das berühmte chinesische «Buch der Wandlungen» beschreibt die Interaktion der ch'i-Kräfte, der tanzenden Energien von Yin und Yang.

Isis – Ägyptische Göttin der Ernte, Schwester und Gefährtin des Osiris.

Kabbala – Das hebräische mystische Alphabet verband Buchstaben mit Zahlen, und diese magische jüdische Tradition beschrieb eine Kosmologie der Seele.

Kali – Die hinduistische und buddhistische Grosse Göttin der Empfängnis, der Zeit und des Todes, oft dargestellt als hässlicher und furchterregender schwarzer Dämon der Zerstörung.

Kama – Hinduistischer Liebesgott, Sohn der Lakshmi.

Karma – Das System, das Aktion und Reaktion in der Welt ausbalanciert.

kosmische Schlange (Drachen) – Ein Symbol der sexuellen und spirituellen Energie, oft verbunden mit alten Kulten der Mutter Erde oder der Göttin.

Kreatrix – Göttin der Kreativität und Matrix alles Erschaffenen in der physischen Welt.

Kundalini – Die geistige und sexuelle Lebensenergie, oft als weiblich betrachtet, die von einer um die Basis der Wirbelsäule geringelten Schlange dargestellt wird.

Lakshmi – Die hinduistische Göttin des Glücks. Ihr Name bedeutet auch Lotus oder Yoni, und sie ist die Mutter des Kama, des Gottes der Liebe.

Ley-Linien – Energielinien, die die Erdoberfläche überziehen. Sie transportieren Erdenergie und sind die Entsprechung zu den chinesischen Meridianen (siehe dort).

Libido – Lebensenergie, entsprechend der Kundalini-Energie der Hindus.

Lotus – Die Blume, die Schöpfung und Entfaltung symbolisiert, sowie die Erde selbst. Sie bedeutet auch den ursprünglichen spirituellen Zustand das Herzens.

Maithuna – Rituelle sexuelle Verbindung, oft begleitet von Mantras, Yantras und Mudras.

Mandala – Ein geheiligter Bezirk, gewöhnlich ein rundes Diagramm oder die auf ein essentielles Muster reduzierte geometrische Projektion der Welt. Es wird für Meditation, Rituale und Liturgie benutzt.

Männliches Prinzip – Qualitäten die Männer, aber auch Frauen besitzen, und die als Bewusstheit, Objektivität und Linearität betrachtet und oft mit der linken Gehirnhälfte in Zusammenhang gebracht werden.

Mantra – Ein heiliger Ton oder eine Tonfolge, die in einen meditativen Zustand führen oder kosmische Energie sammeln soll.

Mãyã – Die Illusion der äusseren Erscheinung der Welt, die die wahre Natur der Seele (ãtman) verbirgt.

Meridiane – Bahnen feinstofflicher Energie im Körper, die auch sexuelle und psychische Energie enthalten; die Grundlage der chinesischen Medizin und des sexuellen Yoga.

Mudra – Rituelle Hand- oder Fussbewegungen, die im Yoga und insbesondere in der rituellen sexuellen Vereinigung benutzt werden.

Mysterien (ägyptisch, hermopolitanisch, eleusinisch) – Religiöse Rituale, die die verborgene Bedeutung von Leben und Tod ausdrücken.

Nut – Ägyptische Himmelsgöttin

Orgonenergie – Lebensenergie, die nach dem Psychologen Wilhelm Reich, der den Begriff prägte, von der Sonne an alle Lebewesen übermittelt wird.

Osiris – Sohn der ägyptischen Himmelsgöttin Nut und der ältere Bruder von Isis, Seth, Nephthys und Anubis, erster König Ägyptens. Seine Frau war seine Schwester Isis. Er wurde König der Toten und Aufseher des Rituals der Sterbenden.

Pistis – Das gnostische Prinzip des Glaubens, dargestellt als weibliche Gestalt.

Polarität – Das Spiel von Gegensätzen, die sich anziehen und abstossen. Auch die energetische Interaktion zwischen den Geschlechtern.

Prãnã – Hinduistischer und buddhistischer Begriff für Atem, der «Lebenskraft» bedeutet.

Ra (Re) – Die Sonne und der Schöpfergott Ägyptens, Symbol der Quelle allen Lebens als inneres Feuer.

Samsara-Rad – Die Welt als ewiger Kreis von Empfängnis, Geburt, Alter und Tod, gefolgt von der Wiedergeburt in einem anderen Körper. Erleuchtung ist der einzige Ausweg.

Glossar

Schlange – Symbol sexueller, geistiger Energie oder Kundalini-Energie. Entspricht Jungs Konzept der Libido, ist aber auch ein altes Symbol der Grossen Göttin oder Mutter Erde.

Schöpfungsmythen – Geschichten früher Kulturen, die den Ursprung der Welt beschreiben, oft durch die Metapher sich vereinigender Götter und Göttinnen.

Shakti – Die göttliche Antriebskraft des Universums und Gemahlin des Shiva.

Shiva – Personifizierung reiner Bewusstheit im Universum, höchste Erkenntnis und Gefäss Gottes.

Sophia (Weisheit) – Das gnostische Prinzip der Weisheit, dargestellt als Frau.

Tantrismus – Hinduistische und buddhistische Philosophie und ein Meditationssystem, das oft mit sexueller Magie und Alchemie assoziiert wird.

Tao Te King – Chinesische Philosophie des Laotse von der Harmonie und dem Fluss der Lebensenergie.

Taoismus – Die Lehre des «Wegs», gestützt auf die Quelle aller Dinge, die auch eine esoterische, magische und alchemistische Lehre enthält.

Theosophische Gesellschaft – 1875 von Madame Blavatsky gegründete Gesellschaft zur Erforschung und Integration östlicher Weisheit und westlicher geheimer Lehren.

Tier des Paradieses – Die Schlange, die sich im biblischen Garten Eden um den Baum der Erkenntnis windet.

Uräusschlange – Ägyptische Kobra, Symbol der Dualität und der sexuellen Energie.

Vishnu – Hinduistischer Gott der Schöpfung und Erhaltung, Teil eines andauernden und sich wiederholenden kosmischen Mythos. Nach dem Tod nimmt er einen neuen Körper an und erschafft eine neue Welt.

Weibliches Prinzip – Eigenschaften der Frauen, die aber auch Männer als ihren Schatten in sich tragen, und die als unbewusst, subjektiv, zeitlos betrachtet und mit der rechten Gehirnhälfte assoziiert werden.

Weltei – Same der Schöpfung, kosmisches Symbol der Schichten des Himmels oben und der Hölle unten, und ein Bild der Unsterblichkeit in vielen frühen Kulturen.

Wiedergeburt/Reinkarnation – Das Prinzip, gemäss dem die Seele beim Tod in einen anderen Körper übergeht und Spuren des vergangenen Lebens nach dem Gesetz des Karma ins neue mitnimmt.

Yantra – Ein meist einfacheres Mandala, das die Grundenergien der Welt und die spirituellen Prozesse symbolisiert, zu rituellen und meditativen Zwecken benutzt.

Yin/Yang – Gemäss der taoistischen Philosophie passive und aktive Energien, die nie getrennt sind und in allem auf der Welt zusammenkommen.

Yoga – Spirituelle Praktik, die sowohl geistige als auch psychische Konzentration und Disziplin bringt.

Yuga – Ein hinduistischer Begriff für die Weltalter, die 360000 bis 1400000 Erdenjahre lang sein können.

Index